美丽农村路建设指南

交通运输部科学研究院

人民交通出版社股份有限公司

北 京

图书在版编目(CIP)数据

美丽农村路建设指南/交通运输部科学研究院主编. — 北京：人民交通出版社股份有限公司，2022.3
ISBN 978-7-114-17747-7

Ⅰ.①美… Ⅱ.①交… Ⅲ.①农村道路—道路工程—建设—中国—指南 Ⅳ.①U412.1-62

中国版本图书馆 CIP 数据核字(2021)第 258562 号

Meili Nongcunlu Jianshe Zhinan

书　　名：	美丽农村路建设指南
著　作　者：	交通运输部科学研究院
责任编辑：	黎小东
责任校对：	赵媛媛
责任印制：	张　凯
出版发行：	人民交通出版社股份有限公司
地　　址：	(100011)北京市朝阳区安定门外外馆斜街 3 号
网　　址：	http://www.ccpcl.com.cn
销售电话：	(010)59757973
总　经　销：	人民交通出版社股份有限公司发行部
经　　销：	各地新华书店
印　　刷：	北京市密东印刷有限公司
开　　本：	880×1230　1/16
印　　张：	6.75
字　　数：	116 千
版　　次：	2022 年 3 月　第 1 版
印　　次：	2023 年 4 月　第 2 次印刷
书　　号：	ISBN 978-7-114-17747-7
定　　价：	60.00 元

(有印刷、装订质量问题的图书，由本公司负责调换)

《美丽农村路建设指南》

编审委员会

主　　编：孔亚平

副 主 编：王萌萌　　闫长平　　孙国超

参编人员：顾晓锋　　周红萍　　李　威　　尚琴琴

　　　　　张　舒　　李今朝　　徐昕昕　　李滨杉

　　　　　胡川林　　孔祥艳

审　　定：成　平　　陈济丁　　陈建业

前 言

"四好农村路"是习近平总书记亲自总结提出、亲自推动实践的一项重大民生工程、民心工程、德政工程。党的十八大以来,习近平总书记高度重视农村公路发展,先后三次对"四好农村路"作出重要指示。2014年3月,总书记作出重要指示,强调要通过创新体制、完善政策,进一步把农村公路建好、管好、护好、运营好,逐步消除制约农村发展的交通瓶颈,为广大农民脱贫致富奔小康提供更好的保障。2016年9月,总书记强调,"四好农村路"建设是总结经验,特别是成功经验所提出的,要继续努力、认真落实、久久为功。2017年12月,总书记再次作出重要指示,强调近年来"四好农村路"建设取得了实实在在的成就,为农村特别是贫困地区带去了人气、财气,也为党在基层凝聚了民心,要求进一步深化对建设农村公路重要意义的认识,聚焦突出问题,完善政策机制,既要把农村公路建好,更要管好、护好、运营好,为广大农民致富奔小康、为加快推进农业农村现代化提供更好保障。交通运输系统深入学习领会习近平总书记关于"四好农村路"重要指示精神,坚决贯彻落实党中央、国务院决策部署,健全完善"四好农村路"高质量体系,推动农村公路向高质量发展转变,助力贫困地区告别了出行难、畅通了大循环、摘掉了贫困帽、走上了致富路,以实际行动践行了"小康路上不让任何一地因交通而掉队"的庄严承诺。

2019年7月,交通运输部联合国家发展改革委、财政部等七部门印发《关于推动"四好农村路"高质量发展的指导意见》,提出"开展'美丽农村路'建设,结合美丽乡村建设,建设宜居宜业宜游的'美丽农村路'。到2025年,实现乡乡都有美丽农村路。"2019年9月,《国务院办公厅关于深化农村公路管理养护体制改革的意见》中提出"坚持经济实用、绿色环保理念,全面开展'美丽公路'创建工作"。美丽农村路成为"四好农村路"高质量发展的重要抓手之一,既能够对乡村振兴发挥重要的促进作用,也能够对生态文明、美丽乡村以及交通强国建设起到强有力的支撑作用。

为科学开展美丽农村路建设,更好地促进"四好农村路"高质量发展,在交通运输部公路局和交通运输部政策研究室的指导下,交通运输部科学研究院开展了《美丽农村路建设指南》(以下简称《指南》)的研究、编制工作,旨在为各地建设美丽农村路提供行之有效的指导手册。作为全国美丽农村路建设先行地区,浙江省台州市公路与运输管理中心及天台县公路与运输管理中心基于诸多创新性的应用与实践,从基层实践角度对《指南》进行了完善和丰富,为《指南》的编制提供了大力的支持和帮助。此外,各地交通运输主管部门、有关科研院所和专家提出了宝贵意见和建议,在此一并表示衷心的感谢。

《指南》从美丽农村路建设背景出发,明确建设理念,提出建设总体要求,并采用了示例与说明结合的方式作出技术指引。《指南》分为技术篇、案例篇两部分。技术篇研究提出了美丽农村路的建设理念,在遵照现行相关标准、规范的前提下,重在突出美丽农村路的特点,主要从总体要求、主体工程、沿线设施、景观环保、养护管理、助力乡村振兴等方面阐述了技术要点,为美丽农村路的规划设计、施工建设以及养护管理提供指南和参考;案例篇从全国不同区域精选10个典型项目,分别介绍了项目的基本情况,分析总结了美丽农村路创建的方法举措,使不同地区都有直观、明确、适宜的参考样本。

目 录

一、技 术 篇

1 建设理念 ·· 3
   1.1 坚持"因地制宜" ··· 3
   1.2 秉承"以人为本" ··· 3
   1.3 体现"地方特色" ··· 3
   1.4 践行"绿色发展" ··· 3
   1.5 注重"经济高效" ··· 4
   1.6 服务"产业振兴" ··· 4

2 总体要求 ·· 5
   2.1 主体工程优质 ·· 5
   2.2 附属设施完善 ·· 6
   2.3 路域环境和谐 ·· 6
   2.4 绿色生态优先 ·· 6
   2.5 乡土特色突出 ·· 7
   2.6 管护机制健全 ·· 7
   2.7 服务成效显著 ·· 8
   2.8 群众获得感强 ·· 8

3 主体工程 ·· 9
   3.1 路线 ·· 9
   3.2 路基路面 ··· 13
   3.3 桥隧 ·· 19

4 沿线设施 ·· 22
   4.1 交通安全设施 ·· 22

4.2 服务设施 ………………………………………………………………… 25
5 景观环保
5.1 降低环境影响 …………………………………………………………… 30
5.2 恢复生态景观 …………………………………………………………… 30
5.3 丰富视觉体验 …………………………………………………………… 33
5.4 路域环境和谐 …………………………………………………………… 33
5.5 展现乡土文化 …………………………………………………………… 37
6 养护管理
6.1 健全管护体制机制 ……………………………………………………… 41
6.2 创新管护模式 …………………………………………………………… 43
6.3 注重路域环境治理 ……………………………………………………… 47
7 助力乡村振兴
7.1 支撑物流体系 …………………………………………………………… 54
7.2 促进产业发展 …………………………………………………………… 54
7.3 提振乡风文明 …………………………………………………………… 55

二、案 例 篇

1 路域环境优美型
1.1 安徽省泾县上板路"皖南川藏线" ……………………………………… 59
1.2 浙江省天台县寒山和合环线 …………………………………………… 66
2 乡土文化型
2.1 天津市蓟州区西井峪路 ………………………………………………… 70
3 乡村产业型
3.1 贵州省湄潭县27°茶海路 ……………………………………………… 74
3.2 宁夏回族自治区原州区姚磨至惠德公路 ……………………………… 76
4 红色教育型
4.1 山东省沂南县"爱尚沂南,红色之旅"环线 …………………………… 79
5 模式创新型
5.1 河北省邱县邱新线 ……………………………………………………… 82

6 幸福小康型 ·· 85
6.1 河南省鲁山县石林公路 ································ 85
6.2 甘肃省清水县 X307 线 ·································· 88
6.3 四川省丹棱县奔康大道 ································ 91

参考文献 ·· 95

一、技术篇

1 建设理念

1.1 坚持"因地制宜"

美丽农村路建设应充分考虑农村发展实际,立足当地资源条件、社会经济发展程度,不盲目追求高标准、高等级、高指标,因地制宜地确定建设水平;充分结合公路沿线地形地貌、自然环境、地域特征,在确保符合相关标准的前提下,灵活选用技术指标,科学确定工程方案;综合考虑管理、养护和后期运营的可持续性,统筹配置综合场站、服务站、停车点等服务设施,兼顾近期效益和远期发展,实现可持续性和可实施性的有机统一。

1.2 秉承"以人为本"

美丽农村路建设应始终秉承"以人为本"的理念,融入乡村振兴战略,强化与主干道的衔接,并向进村入户倾斜。以生命至上、保障安全为第一要务,强化安全防护设施设置。要充分了解百姓诉求,建立群众参与机制,想方设法调动农民群众生态保护意识、公路养护意识和责任感,最大限度满足群众对农村公路安全、经济、舒适的要求,同时兼顾农民利益、产业发展效益及社会效益,让农民群众成为美丽农村路的参与者、监督者和受益者。

1.3 体现"地方特色"

美丽农村路应努力建设成为"地方窗口""文化载体",展示地方特色,体现地方文化;唤醒"乡土意识",倡导"乡风文明",注重乡土氛围的保护;尽量避免用"城市美"替代"乡村美",用人工绿化替代田野风光的做法。在规划设计阶段注重对乡土材料、资源的应用;在施工阶段减少对沿线环境的负面影响;在运营阶段注重保持与乡土风貌的协调,在细微处展示美丽农村路的地域生态美、景观美、文化美,留住"记得住的乡愁"。

1.4 践行"绿色发展"

美丽农村路建设应践行绿色发展理念,坚持保护优先,严守生态保护红线,注重保护山水林田湖草,尽量减少深挖、高填,降低环境影响;坚持绿色低碳、资源节约,优先采用低能耗工艺,提升资源循环利用效率。将美丽农村路融入到美丽乡村建设和生态环境治理体系中,注重路域生态恢复和路域环境整治,做到"路宅分家""路田分家",保证路域环境干净、整洁、有序,实现公路与自然生态和谐。

1.5 注重"经济高效"

美丽农村路应结合当地实际,注重耐久性和安全性,兼顾后续管养的低成本和可持续性,并建立长效管护机制,为"美丽"持续提供"保鲜剂",杜绝为"美丽"而"美丽",避免过度追求景观绿化"高大上"、服务设施"高规格"等做法。基于自身条件,打造"看得美、养得起、留得住、管得牢"的美丽农村路。

1.6 服务"产业振兴"

美丽农村路建设应注重对产业的带动作用,为农村地区客流、物流、信息流提供便捷畅通的通道,有利于新思想、新信息、新需求的输入,有助于农村资源的转化、生态优势的发挥和文化积淀的输出;注重对景点景区、资源点、产业园区等的串联与衔接,充分考虑发展路衍经济的可行性,实现农村公路与外部环境的深度融合,助力乡村产业化发展,改善区域经济面貌。

2 总体要求

美丽农村路新建及改扩建工程应符合国家以及行业关于农村公路建设、养护、管理相关标准、规范的要求，根据其所处区域的特点及在路网中的作用，合理确定美丽农村路的建设目标。

美丽农村路新建及改扩建项目应进行总体设计，统筹协调公路各专业关系。其建设不应脱离农村环境特征、农民实际需求，应力求适用、经济、绿色、安全、易养护。鼓励在美丽农村路建设中应用新技术、新材料、新工艺、新设备，提高建设质量。

总体而言，美丽农村路应做到主体工程优质，附属设施完善，路域环境和谐，绿色生态优先，乡土特色突出，管护机制健全，服务成效显著和群众获得感强。

2.1 主体工程优质

美丽农村路主体工程应符合"四好农村路"高质量发展要求。

美丽农村路的建设应根据自然环境、经济发展、环保要求、交通特性等因素综合考虑，并结合建设目标和交通量论证等合理确定公路技术等级。应充分考虑现代化农业规模化、机械化作业以及产业特色等发展需求，适当提高建设标准。

在遵照技术标准并确保安全与功能的前提下，灵活运用技术指标，最大限度实现公路建设与沿线自然、人文环境的协调。既有公路改造时，应确保对安全、功能有重大影响的指标不突破限制，此类指标包括最小圆曲线半径、最大纵坡、视距等；主要影响美学或舒适性的次要指标，如曲线间直线长度等，当受地形、地质及生态环境等条件限制时，可适当灵活掌握。对连续上坡（或下坡）、不良线形组合、高填方等特殊路段，应做针对性设计并开展方案比选，同时要强化交通工程安全设施的设置。

美丽农村路排水及防护设施要兼顾经济与安全、功能与美观，做到边沟齐全，排水通畅。鼓励采用浅碟式或暗沟排水，尽量进行生态恢复，避免过度防护，减少人工痕迹，实现与周边景观的和谐统一。

具有旅游、资源、产业功能的美丽农村路宜采用双车道公路。

2.2 附属设施完善

美丽农村路交通安全、服务、管理等附属设施应设置合理、功能完善,能够满足农村生产生活及产业发展的需要。

美丽农村路应按照《公路安全生命防护工程实施技术指南(试行)》的要求实施安全生命防护工程,交通安全设施设置应符合现行《公路交通安全设施设计规范》(JTG D81)等标准要求。

美丽农村路应严格执行国家和行业标准规范中交通标志标线有关信息内容、颜色、形状、字符、图形、尺寸等强制性要求。宜在沿线村庄入口、景区入口及产业园路交会处等,设置特色鲜明的导览标志、标识。

沿线设施如管理站、服务站、观景台、停车区、客运汽车停靠点等,应根据资源条件、使用需求以及产业功能等,统筹考虑乡村布局,进行合理设置。注重沿线设施的人性化、实用性。服务设施应充分利用现有的社会资源,如乡镇公共服务设施、景区旅游服务中心、农家乐等,也可紧邻公路养护道班和管理养护中心等,实现设施共享、"一站多能"。应采用"大集中、小分散"的方式灵活设置各类设施,将管理、服务、产业开发、居民使用等多种功能有机结合,实现土地、电力等资源的集约利用。

2.3 路域环境和谐

美丽农村路是美丽乡村的组成部分,应结合农村人居环境整治,保持良好的路域环境,做到干净、整洁、有序。

美丽农村路具备条件的路段应做到路宅分家、路田分家,保证整体界线分明、整洁有序。公路沿线的建筑外立面应符合美丽乡村的建设要求。全面清理路域范围内非公路标志。路域范围内无杂物堆积,无垃圾乱放。路面常年保持整洁、无杂物。

公路用地范围应无打谷晒场、摆设摊位等影响车辆正常通行的障碍物。

2.4 绿色生态优先

美丽农村路应在建设全过程贯彻绿色理念,符合地域特点,体现因地制宜,平衡好公路建设与沿线产业发展和生态环境保护的关系。

新建及改扩建美丽农村路项目在路线布设时,应顺应村庄土地格局和当地生产生活布局,减少公路对自然风貌以及生产生活的分隔,实现与环境协调融合。

尽量保护和修复改善公路沿线周边的生态功能,避让耕地、林地、湿地等具有重要生态功能的国土空间。对基本农田、水利设施、生态环境和文物古迹优先提出保护方案,落实保护措施。

改扩建项目宜充分整合旧路资源,节约、集约利用土地;可加工适于筑路的废旧材料等用于公路建设,推动资源循环利用。

2.5 乡土特色突出

美丽农村路建设应保护并利用原有优质乡土景观,体现农村特色,发挥乡土历史文化价值,让农村公路成为展示地域风貌、乡村特色的窗口。

公路挡墙、路肩、排水沟等设施建设宜就地取材,充分利用乡土材料,如利用当地特色材料修建或装饰生态挡墙、铺设生态路肩、砌筑边沟等。

美丽农村路服务设施,如服务站、停车点、客运停靠点、观景台等,应进行乡土景观设计,体现乡土文化,其建筑或构筑物应采用乡土建筑元素,并与当地社会和自然环境相融合,可利用有景观价值的挖方弃石打造孤石景观。

应注重路域环境的整体优化,通过对路外远近景的"引景、借景、障景"等手法,将美丽乡村风貌予以充分展现。

公路绿化应选用当地乡土植物进行自然式栽植,与周边环境协调融合,同时要保证车辆运行时具有足够的安全视距,特别是在平交口、弯道等处应留出足够的通视空间。除村镇居民聚居区等路段外,应避免采用城市园林化绿化方式。

2.6 管护机制健全

美丽农村路管护机制应符合《国务院办公厅关于深化农村公路管理养护体制改革的意见》要求,建立组织保障、资金保障、技术保障、考核保障四个体系,实现管护体制完善、管护资金到位、管护机制长效。

推动建立以公共财政投入为主、多渠道筹措为辅的建设资金保障机制,落实养护资金增长机制,并在县政府年度预算中予以体现,鼓励积极探索创新农村公路发展投融资机制,应用于美丽农村路建设管理中。

应建立长效的管护机制,把主要指标纳入县政府绩效考核目标和对乡镇政府的考核指标,将养护责任、监管责任、路域环境监督责任落实到位,实现美丽农村路管理养护的可持续性。

应推动适宜条件下的美丽农村路养护市场化。将人民群众满意度和受益程度、养护质量和资金使用效率作为衡量标准,推动建立政府与市场合理分工的养护生产组织模式。积极采用将干线公路建设养护与美丽农村路捆绑招标,签订长期养护合同、招投标约定等方式,提高养护机械化水平。

2.7 服务成效显著

美丽农村路建设应以服务农民生产生活以及沿线产业发展为目标,发挥旅游路、资源路、产业路等功能,实现"农村公路+"融合发展,支持路衍经济多维发展。

应促进美丽农村路与产业、园区、乡村旅游等经营性项目实行一体化开发,运营收益用于农村公路养护,实现多赢局面。

应根据当地生产生活需要和条件,在乡镇场站中统筹设置管理、养护、客运、货运、邮政、快递、电商等各种服务功能,实现"资源共享、多站合一、降本增效",助力提升农村物流网络覆盖率和综合服务能力。

2.8 群众获得感强

美丽农村路建设应紧紧围绕以人民为中心的发展理念,充分考虑道路沿线群众的生活、生产、休闲等需求,实现"建设为了群众、管养依靠群众、运营服务群众",对农村经济提振和精神文明建设产生促进作用。

美丽农村路建设中,应首先调查当地农民在生产生活和农业发展中的具体需要。在满足便捷安全的基础上,公路主体、服务设施建设、小品、景墙等装饰美化,以及植被绿化与增减等,都需充分考虑当地群众意愿和需求。

应充分调动农民群众的积极性,切实发挥农民群众主体作用。鼓励设置公益性岗位,将美丽农村路中村道的日常保养交由公路沿线村民特别是贫困群众负责,建立相对稳定的群众性养护队伍;鼓励农民群众参与配套设施的经营维护,帮助农民创收增收;引导群众爱护、维护美丽农村路设施。支持农民群众参与工程监督和项目验收,将农民群众满意度纳入考评体系,切实提升农民群众的话语权。

3 主体工程

美丽农村路主体工程建设应注重路线、路基、路面、桥隧等方面的景观协调性、形式适宜性、使用安全耐久性、材质经济性和养护低成本。

3.1 路线

美丽农村路路线走向应符合路网规划要求,以支持乡村发展和保障群众安全便捷出行为目标。主要控制点除应符合交通功能需要外,还宜考虑将农业产业园(产业点)、物流中心或园区、乡村综合服务点、旅游资源点等作为路线控制点,同时做到与景观的协调,尽量减少对当地生产生活集中活动区域的分隔。

3.1.1 自然和谐

新建路段的线形应结合地形、地质和环境条件,与大地景观相协调。路侧有视觉价值较高的乡土景观时,宜采取合适的路线走向及位置,将景观纳入公路视线范围内。应避绕自然保护区,避免切割有价值的生物群落和动物迁徙路线,避让不可移动的文物和矿产资源,避让基本农田,尽可能不占用耕地。

改扩建公路应将重点放在如何充分利用老路和灵活运用技术指标,尽量保持老路与周围环境已形成的自然状态,减少对自然的扰动和对环境的切割。

3.1.2 随形就势

路线平纵设计宜顺应地形地貌,形成融入环境的线形景观。在保证正常行驶安全以及险要路段有足够安全设施的前提下,根据环境条件宜"随弯就弯""随坡就坡"。沿河傍山路的线形宜随山谷走势和河水流向,有利于驾驶员的判断以及路与景的融合。

对于低等级美丽农村路,宜优化平纵组合,保持视线连续,减少填挖,以利于原貌的恢复。外借方较大的路段,可通过优化纵断面设计、高填方段改为桥梁跨越或坡脚设置挡墙、放缓挖方段边坡等方式平衡土方填挖比例。

根据不同地形条件,可灵活采用路线布局,做到环境景观协调,具体做法如下:

(1)对于山体外形规则、坡面顺滑舒展、分布错落有致的丘陵地形,应充分利用各类曲线要素组合搭配布线。根据山体的自然条件,可采用曲线定线手法,使路线适应地形变化,与自然相融合。微丘布线实例与手绘示例如图 3-1、图 3-2 所示。

图 3-1　微丘布线农村公路实例

图 3-2　微丘布线手绘示例

（2）对于滨水路段,路线宜沿水岸布线,利于展现自然水体风貌。沿海岸和滨水段布线的实例如图 3-3、图 3-4 所示。

图 3-3　海岸布线农村公路实例

图 3-4　滨水段线形处理实例

（3）对于地势平坦的平原地形，路线宜顺直，利于展现开阔视域并减少占地。在满足路基最小填土高度、桥涵构造物净空要求的情况下，充分适应地形起伏，尽量降低路基高度。地势平坦的平原地形路线设计实例如图 3-5、图 3-6 所示。

图 3-5　河北省三河市杨李线　　　　　图 3-6　山东省微山县微山岛环湖路

（4）地形起伏较大的山岭区，在符合标准规范的前提下，顺应地形展线，保持平纵指标均衡连续。强拉直线或采用大半径曲线，硬切山梁、横跨山谷的平面设计，不仅不能给驾乘人员提供舒适的行车体验，反而造成环境破坏。顺山势布线的设计实例如图 3-7 ~ 图 3-9 所示。

图 3-7　山地公路布线实例

图 3-8　山地公路展线设计实例

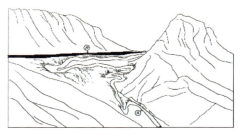

图 3-9　山地公路选线方案对比

注：与利用多段之字坡路自河谷攀至山口的 A 线形相比较，B 线形虽增加了施工难度及成本，但保护了河谷环境，避免路段雪害，利于车辆行驶，使驾乘者可观赏更佳优质的景观。

公路位于高寒高海拔、地质灾害频发、山岭重丘、生态敏感区域时，宜结合交通需求分段选择技术等级，技术指标选用应充分考虑环境特点，慎用规范规定的极值。

3.1.3　视觉舒适

好的视觉体验包括车辆安全驾驶所需的行车视距和沿线优美的自然景观。一方面，通过优化平面线形给驾驶者提供更加良好的视距，让驾驶者能够从容正确地预判车辆前方的行驶环境。另一方面，通过给驾驶员提供开阔的视野，利用路侧优美的景观增添驾驶乐趣，可以避免感觉上的单调，缓解驾驶疲劳。

例如，我国西北部地区地广人稀，公路线形控制因素相对少，公路平纵线形布设相对灵活、自由，在标准规范允许的范围内，可适当采用小半径平曲线或大坡度的纵曲线线形（图 3-10、图 3-11），充分顺应地形。这不仅可以节约土地资源和造价，还可以为驾乘人员提供变化的视觉廊道，有效缓解驾驶疲劳。

图 3-10 与地形吻合的平面线形

图 3-11 与地形吻合的纵断面线形

3.2 路基路面

美丽农村路建设中,路基路面应根据不同地形地质和建设条件,选用经济适用、耐久和低养护成本的类型。

3.2.1 路基横断面

宜采用整洁规则的路肩形式,建设过程中应保证路肩压实度。土路肩植草应注重植物选择和养护管理。有条件的地区宜采用硬化路肩(图 3-12、图 3-13),路肩应不影响路面排水。

图 3-12 硬化路肩

路基应尽量设置低路堤、浅挖方,采用缓坡率(图 3-14、图 3-15)。用地许可的情况下,路堤边坡宜采用缓坡率,以便更好地匹配原地貌,提供有效缓冲,降低车辆失控冲出路面事故伤害的严重程度。边坡坡面及坡顶位置宜采用弧形,避免生硬突兀(图 3-16)。

图 3-13　土路肩植草

图 3-14　低路基浅挖方实例

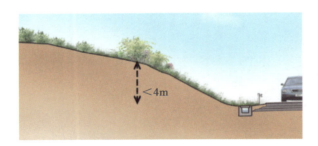 

图 3-15　缓边坡图示

图 3-16　弧形坡面实例

3.2.2 路基防护

对于技术等级较低的路段,基于生态环保和经济性的双重考虑,填挖方量较少,路基防护应充分考虑生态修复的功能,尽量采用植物或植物与工程相结合的防护形式(图3-17),避免大面积采用实体护面墙、圬工挡土墙等工程防护措施。

图3-17　植物与低矮挡墙结合防护实例

对于路侧硬质岩边坡直立、一坡到顶甚至开挖成"老虎嘴"的路段,裸露的岩石边坡稳定而自然,也可成为景观的一部分(图3-18、图3-19)。边坡整体稳定,局部可能产生掉块或小型楔形体破坏时,经论证,坡面可挂设柔性网防护(图3-20、图3-21)。此类防护形式既能保证防护的安全有效,也能充分展示乡土地质地貌,避免过度采用圬工防护。

图3-18　岩质边坡实例

图 3-19　边坡自然恢复实例

图 3-20　主动防护网　　　　　　　　　图 3-21　被动防护网

边坡防护工程不仅要稳定边坡，也要成为景观的一部分。如采用阶梯式支挡，适当变化挡墙高度，可给驾驶员以动态跳跃的感觉；采用当地特色和乡土材料进行挡墙、桩板墙设置，可改善景观效果，减弱或隐藏粗笨的防护外形；平齐直立的挡墙端部，样式呆板且不安全，而将挡墙端部渐变隐入自然坡面，则可与环境融合，景观效果大大提升。

3.2.3　排水

农村公路的排水断面形式应考虑泄流能力、安全、美观、养护便利等因素综合确定。建设用地受限路段，宜采用矩形断面，以节约土地资源。在地形平坦、纵坡平缓的低填、浅挖路段，宜采用浅碟式断面或放缓边坡漫流排水形式，以利于安全及景观。汇水面积较大的挖方路基、沿街路段，宜采用矩形或梯形圬工断面，以利于固坡稳定和防止冲刷。

结合"美丽乡村"建设，穿村路段应完善排水设施，尽量采用暗排。穿村过街路段排水沟外侧宜设置路宅分离设施，可采用护栏、砌筑花池等形式。

常见的排水设施形式如下：

（1）浅碟形草皮边沟。

浅碟形草皮边沟与原地形舒缓自然衔接，避免在路基边缘设置开口圬工砌体，既能显著降低行车的安全隐患,同时通过对浅碟形边沟进行绿化,还可以达到线形顺畅、自然美观的视觉效果(图3-22)。但对于挖方边坡较长、汇水区域较大的段落,浅碟形草皮边沟的排水能力显得不足,此时则不宜采用。

(2)暗埋式生态边沟。

暗埋式生态边沟主要通过暗埋于植草边沟下方的矩形边沟排泄雨水,部分解决了浅碟形草皮边沟排泄能力不足的问题,同时又具有生态、自然、行车舒适的优点(图3-23)。上部的植草边沟需每隔一定距离设置一处集水井,连接下部的矩形边沟。由于植草边沟流速较慢,时间较长易造成雨水口淤堵,影响排水效果,在日常养护中需及时清理。

图3-22　浅碟形草皮边沟　　　　　　图3-23　暗埋式生态边沟

(3)矩形盖板边沟。

从安全和视觉效果来看,一般认为矩形边沟加盖板形式更适合汇水面积较大的挖方路基沿街路段以及有内挡结构的挖方路基内侧,因此种形式具有视觉增宽、防止车轮卡陷以及边沟堵塞等功能(图3-24)。

图3-24　矩形盖板边沟

（4）预制型排水沟。

排水沟宜采用预制构件代替浆砌片石（图3-25）。这种做法有利于施工期间机械化、工厂化生产，能够大大缩短施工周期，提高施工质量，而且后期养护工作量和成本均大幅降低。

图3-25 预制边沟

工程实践证明，在石料不充分的路段或对于工期较紧的项目，排水工程采用工厂预制构件现场进行安装施工具有较大优势。挖方较大、存在大量弃石方路段则宜采用浆砌片石。

（5）填方路段生态排水沟。

填方路段采用圬工砌体排水沟虽能防止冲刷，但显得生硬不美观。一般在地势平缓的段落，雨水冲刷小，生态排水沟所采用的植物防护能够起到防止水流冲刷和生物过滤的作用，减轻敏感水域的水质恶化。通常采取的处理方式有普通土质生态边沟和植物纤维毯边沟两种。

普通土质生态排水沟：即利用路基清表土对边沟进行压实，表土中已有原生植物种子，通过自然萌发或人工诱导萌发技术实现边沟植被的恢复；适用于路面径流较小、纵坡较小的路段。

植物纤维毯排水沟：即利用植被纤维毯对已覆表土的浅碟形边沟进行覆盖，减少在植被恢复初期路面径流对表土的冲刷，最大限度保护植被恢复效果；适用于路面径流中等的路段。

（6）边沟的乡土化和生态化改造。

边沟应尽量采用贴近环境、融于自然的设计。有条件时应尽量考虑边沟加固，防止水、泥上路，加固材料可因地制宜选择手摆石、卵石、碎石等当地材料（图3-26）。

图 3-26 边沟的乡土化和生态化

3.2.4 路面

在保证技术经济可行的条件下,路面材料可充分利用已有资源,包括当地料源、隧道弃渣、再生的旧路材料、废弃材料等。

在进行路面结构设计时,应充分考虑路面结构的设计使用年限以及与当地条件的适应性,要优先选用当地成熟、成功的典型路面结构组合。例如,在冬季降雪且纵坡较大路段,可铺设露石水泥混凝土路面,造价相对较低,同时可以保证路面抗滑性,降低交通事故率。降雨强度较大的地区或拟收集利用雨水的路段和场地,可采用透水性路面。

具有旅游功能的美丽农村路,为增强公路与环境的融合性,经论证可局部采用彩色路面。路面色彩宜为单色调、低明度、彩度适中,并与周围环境和景观相协调,满足功能和安全要求。

3.3 桥隧

桥梁作为构造物,对塑造公路的整体景观具有重要作用。美丽农村路的桥梁以安全、耐久、适用、经济、美观、便于养护为原则,不宜过分追求奇特造型。桥梁总体布置应顺应地形变化,并与公路线形协调。桥孔布置和跨径变化应做到视觉连续、富有节韵,并与周边自然环境相适应。根据环境条件和乡土文化,桥梁的景观设计宜采用与之相适应的处理方法,具体做法如下:

(1)处于优良景观环境、有观赏需求和地方特色文化表现需求的桥梁,应进行独立的美学设计,结合当地传统的桥梁构筑形式,使桥梁成为美丽农村路的重要景观载体。

(2)对具有历史价值的桥梁,应进行保护性的修复维护,尽量还原桥梁历史原貌(图 3-27、图 3-28);对常规桥梁,修复或维护以实用简洁为主,适度兼顾桥梁景观。

图 3-27　拱桥修复实例

图 3-28　风雨桥修复实例

（3）对不再服役的老桥，在不影响泄洪且具有保留价值的情况下，应尽量保留或修缮后成为服务设施的一部分或作为交通历史文化加以展示（图 3-29）。

图 3-29　旧桥改造为服务设施实例

低等级农村公路隧道宜充分考虑与周边地形及环境的融合关系，在保障交通安全的前提下，宜采用自然洞门的形式，提倡简洁、隐蔽、淡化洞口处理，降低隧道感知度（图 3-30）。

图 3-30　隧道洞门实例

4 沿线设施

品质优良、服务到位的沿线设施也是美丽农村路建设的重要方面。美丽农村路的沿线设施需重点关注交通安全设施和服务设施。

4.1 交通安全设施

交通安全设施应牢固树立以人为本、安全第一的理念。美丽农村路交通安全设施设计应依据技术等级、交通组成、道路风险、自然条件、建设成本等因素,在综合分析的基础上,宜优先设置主动引导设施,根据需要设置被动防护设施。在满足安全的前提下,可结合当地乡土材料设置,以节约成本,突出特色。美丽农村路的标志标线、护栏等交通安全设施应按有关标准设置齐全,并与主体工程同时设计、同时施工、同时投入使用;有序实施安全生命防护工程,特别是临水临崖、通客车等重点路段,以保障人民群众便捷安全出行。

4.1.1 标线清晰

美丽农村路建设过程中,应充分考虑标线的设置类型和数量,做到"应设尽设"。清晰完善的标线系统不但能够为农村公路的安全提供保障,也能够提升农村公路的整洁度。美丽农村路宜按照"界线分明"(界线即路基路面边缘轮廓线、车辆行驶分道线、安全设施防护线)原则,凸显行车过程中公路的线形美,更好地进行路田分界与路宅分界。

> **实例4-1 优化线形视觉感受、促进路面整洁的做法**
>
> 建设过程中可站在驾乘者的视角,打造"四线分明"(四线即路基路面边缘轮廓线、车道线、安全设施防护线、绿化美化线)的公路线形,有效凸显行车过程中的视觉效果,更好地做到路宅分界和路田分界。
>
> (1)路基路面边缘轮廓线:可由标线、边沟(挡墙)线或硬路肩(土路肩)边缘线等形成。
>
> (2)车道线:应按标准规范要求施画。

(3)安全设施防护线:即防撞设施形成的线形,防撞设施的形式宜有专门设计,外观颜色宜与当地环境协调(图4-1)。

图4-1 运用反光警示标志提高转弯路段安全性实例

(4)绿化美化线:主要由灌木草皮林缘线、乔木林冠线统一等形式体现(图4-2)。公路线形不局限于以上四线,可以根据实际情况勾勒出其他线形。

如做路肩硬化,可采用先硬化路肩、再摊铺路面的施工方式,更易保证路肩线形的规整。

图 4-2

图 4-2　不同路段优化实例

4.1.2　标志完善

规范设置交通标志,既能提供指引、警示、提示等服务,还能提升整洁度和景观性。交通标志应满足现行相关标准规范对标志、颜色、图案和形状的要求。此外,可结合实际情况因地制宜设置特色旅游导览标识标牌。

4.1.3　其他安全设施

在满足护栏防护等级要求的前提下,注重护栏的形式与周围环境相协调。如在风景优美路段设置桥梁护栏时,应在满足安全要求前提下考虑美观和通透。示警桩、示警墩、道口标柱等视线诱导设施的材料选择应注重就地取材,充分考虑建设成本和养护成本。

实例4-2　北京市顺义区孙四路加强重点路段安保设施

北京市顺义区孙四路逐年完善交通安保设施建设,特别是公交线路、学校、幼儿园班车线路以及急弯十字路口、丁字路口等重点安全隐患路段,确保车辆行人安全正常通行(图4-3)。

图 4-3　重点路段增加警示标志实例

4.2 服务设施

美丽农村路的服务设施,应结合乡村旅游、产业发展、农村客运和物流等实际需求,进行总体规划和科学设置,并根据实际情况分步实施。美丽农村路服务设施建设应按照"政府主导、行业推进、多方联动,因地制宜、分类实施、灵活运作"的总体原则,坚持新建与改建相结合,充分发挥市场机制作用,合理利用沿线现有的公路站场(含养护站、超限运输检测站、管理站、已取消收费的站场等)、加油站、旅游集散中心、客车停靠站、公路沿线边角地、乡村公共场所等进行建设和功能拓展,以实现完善农村公路服务体系、提升农村公路服务质量的目标。

4.2.1 定位精准

美丽农村路服务设施的定位应考虑公路主要功能、村镇分布、沿线自然景观和历史人文特色、可持续管养等因素,科学规划站点布局,合理确定等级类别,进行差异化建设,不宜盲目追求规模化、豪华感。应根据定位、等级、功能等要素,突出服务设施在停靠如厕、旅游服务、文化展示等某方面或某几方面的优势和特色,建设一批特色、精品服务设施。

4.2.2 规模合理

美丽农村路服务设施的规模应根据定位、等级、功能按需确定。如交通量较大或临近重要城镇区的服务设施,可全方位、多层面、深层次综合配置停车、休憩、商超、观景、导览、休闲、娱乐、维修等各项功能,结合当地旅游文化资源,丰富地方特色展示内容,创建既有助于过往驾乘人员享受公路"妈妈式服务"的站所,又有利于展示地方特色风情的宣传窗口。

4.2.3 选址得当

服务设施应根据"因地制宜、充分利用、近而不进、利于管理"的原则进行选址,其中"近而不进"是指离村庄近,利于养护,但又不进村,便于交通。通过服务设施建设,既能以其得天独厚的地理优势对周边村庄、环境起到服务和添景的作用,又能充分利用废弃地、边角地盘活土地资源,还能借力用力,整合农村资源。

(1)结合新建工程选址。新建工程沿线公路服务设施建设应统筹纳入规划设计,与新建公路同步设计、施工、投入使用。统筹谋划公路服务设施布局,以新建养护设施为契机,在满足管养需求的基础上增加服务功能,打造成为集管养、服务于一体的公路设施。

（2）结合其他工程选址。将服务设施建设工作纳入"美丽乡村建设、美丽田园综合体打造、小城镇整治"等综合性工程建设中，发挥沿线地方政府和社会资源的作用，可借助乡镇等力量解决土地要素，借助其他工程合力解决资金问题，可与其他工程项目结合共同选址，合力共建。

（3）结合土地利用选址。充分利用公路沿线空置的废弃地、边角地，改造服务设施。大力挖掘公路沿线闲置土地资源，建成具有停车、休憩、观光等功能的服务设施。

（4）结合沿线设施选址。因势利导，充分利用公路既有设施，对现有公路管理站、治超站进行合理化改造，拓展设施服务功能。

（5）结合沿线资源选址。深化与县级旅游部门、农村工作办公室及相关乡镇政府等的沟通协调，打造特色服务设施，放大合作共赢效应，以此丰富服务设施的文化内涵和服务功能。

4.2.4 特色突出

应结合当地历史人文、传统文化，将服务设施作为重要宣传窗口，充分展示当地特色。同时，可通过微型展览馆、图片展板、宣传画册等形式在服务设施中搭建公路文化展示平台，展示如公路路容路貌历史变迁、桥梁隧道图片展览、造桥铺路技术（机械工具）迭代更新、公路养护"四新"技术、最美行业行风路德文化等内容。

4.2.5 管理到位

服务设施管理水平高低是决定服务站能否长效运营的重要因素。服务设施管理应贯彻"以站养站"的理念，根据每个服务设施的地理位置和功能定位，在保障服务站能够长期健康可持续运营的前提下，把"合作共享、互利双赢"作为服务设施管理制度的目标导向。灵活运用"自建自管""自建托管""自建共管""共建共管"等管理模式。

（1）探索公益模式。定期联系组织党建团体、青年志愿者、慈善公益组织、中小学生实践团体等参与服务站宣传、保洁、管养等活动；创建红色驿站、志愿者驿站等。

实例4-3　浙江省玉环市大坑公路服务站公益模式

玉环大坑公路服务站改建原有废弃石屋，增设休息、如厕、观景、教育功能，打造"公路+红色"服务站，开展红色教育、知识宣贯、党建教育；乡镇党员负责运营管理（图4-4）。

图 4-4　玉环大坑公路服务站

（2）探索让利模式。将服务设施以低价或免费提供给商户经营，服务设施建造者让出租赁利益，服务站经营使用者接棒管养权，通过"权利"交换，获得服务设施的完善管理。

实例 4-4　浙江省台州市黄岩区横溪公路服务站让利模式

黄岩院岙线横溪公路服务站，依水库而建，并在水库边修建游步道，为"花语堂"民宿提供了观景和停车场所。该服务站定位为多功能服务站，与周边文化礼堂和"花语堂"民宿共建，由"花语堂"民宿负责对服务站的日常管理（图4-5）。

图 4-5　横溪公路服务站

（3）探索合作模式。通过与沿线公路站、养护站、运输服务站等合作共建模式统筹融合，便于养护管理。

实例 4-5　浙江省临海市小芝公路服务站选址

临海小芝公路服务站，利用省道边废弃地，依山傍水而建，具有较好的休闲观景功能，也可提供周边商户的农产品售卖。小芝公路服务站与农村公路养护站结合而建，承担了周边农村公路养护任务，既节约了土地，又方便了运营管理（图4-6）。

图 4-6　小芝公路服务站

（4）探索市场模式。引入市场机制，实施市场化运作模式，互惠共赢。通过将服务设施与周边民宿、农家乐、摄影室（基地）、旅游中转站等社会化服务设施合建共用等模式，"以站养站"，实现良性循环。

实例4-6 浙江省温岭市坞根公路服务站市场模式

温岭坞根公路服务站,与当地乡村公路管理站合建共用,站内景观由合作的婚庆公司负责打造。服务站地理位置独特,观景效果较好,由合作的婚庆公司负责运营管理(图4-7)。

图4-7 温岭坞根公路服务站

当地旅行社利用自身优势把它作为一个研学基地,春游秋游时期将儿童和游客引入,在这里开展蓝房、游学、儿童创业、创新基地等活动,公路部门将公交班线接进来,整体盘活了一个小型产业。

5 景观环保

公路景观环保设计面向两个主体：一个是自然环境，一个是使用者。在保证公路视距和交通安全的前提下，保护、融入自然环境并为使用者提供良好的使用体验，是公路景观环保设计最为关键的两个方面。农村公路景观绿化应与乡土风貌协调一致，充分展现乡野之美。

5.1 降低环境影响

美丽农村路建设应充分结合现有地形、水系、植被等自然资源特征，避免大规模、高强度开发，最大限度保护和修复公路及沿线的生态功能、原有文物古迹，协调好保护与发展的关系，让美丽农村路充满"乡野的气息"（图5-1）。

图5-1 吉林省环长白山旅游公路建设前划定环保绿线

5.2 恢复生态景观

对公路建设扰动的裸露区域，因地制宜采取相应技术措施进行生态恢复。绿化种类和数量应视沿线景观环境而定，以低成本、易成活、管护便捷的优良乡土树种为主，做到适地、适树（草）、适量。诱导建成与自然植被相似的植物群落，营造野生动物适宜生境，减少公路对自然水系干扰与切割，最大限度恢复路域生态（图5-2）。

能借景、不造景,能利用、不新建,能整治、不拆除,不搞大拆大建,不修建大草坪、大花海、大广场,少种植景观树,少设置城市特色景观。景观构筑物宜就地取材,绿化宜种植乡土苗木,不过分追求绿化造型和修剪。

图 5-2　恢复路域自然生态实例

实例 5-1　乡土植物选择

原则上,多数乡野路段农村公路不建议增加景观性绿化,特别是乡野景观优美、乡土特色突出的路段,除恢复性绿化外,不建议栽植其他树种(图 5-3)。而根据国家《乡村振兴战略规划(2018—2022 年)》对乡村的分类,临近集聚提升类、城郊融合类村庄的路段,可适当采用乡土树种进行景观绿化、美化(图 5-4)。公路绿化中,不宜选用一年生花卉,而尽量选用多年生草本和木本植物;不宜栽种养护要求高、花后效果差的花卉(图 5-5)。

图 5-3　不栽植路段实例

图 5-4　乡土植被绿化实例

a) 开花效果　　　　　　　　　　　b) 花季过后

c) 开花效果　　　　　　　　　　　d) 花季过后

图 5-5　不提倡花卉种植实例

5.3 丰富视觉体验

二级及二级以上的农村公路,应重点关注景观对行车安全的影响。景观环境另一项重要功能是视线诱导、缓解视觉疲劳、保障行驶安全。农村公路在地形、地貌和安全驾驶允许的条件下,可根据其实际条件下的视觉接纳能力布设路侧和节点景观,做到动静结合,为驾乘人员提供更舒适的视觉体验。美丽农村路景观营造中,应尽量遵照自然环境,结合技术等级和行车速度,按照"封、露、透、诱"的手法,适度提升沿线的景观,丰富视觉体验(图5-6)。

图5-6 点缀植被遮挡圬工优化视觉体验

5.4 路域环境和谐

公路作为人工构造物,对自然环境存在一定程度的影响和干扰。美丽农村路景观环保建设需以维护生态景观完整性、人工与自然协调性为目标,通过景观利用与营造、环保措施的施用,完成公路工程向路域环境的过渡,实现公路充分融入自然、与环境和谐共生(图5-7~图5-10);应摒弃和避免移花接木、生硬造景的做法(图5-11、图5-12)。

图5-7 自然边坡过渡实例

图 5-8　公路与森林融合实例

图 5-9　公路设施与乡村风貌融合实例

图 5-10　钢背木护栏与周边环境融合实例

图 5-11　全面硬化的大理石广场　　　　图 5-12　画蛇添足的种植槽

考虑远近景的"引景和借景"作用,以植物(或构筑物)的"加"和"减"形成"屏蔽不良景观,收纳优质景观,整合杂乱景观"的效果。

屏蔽不良景观——在路侧景观营造中,对路侧视觉效果破败、杂乱等现象暂时难以整治的,可通过砌筑文化墙、种植乡土植物绿篱等形式予以遮挡,例如南方地区可选用竹子、珊瑚树、夹竹桃等长势快、遮挡效果较好的植物(图5-13、图5-14)。

图5-13　文化墙遮挡　　　　　　　　　　图5-14　乡土植被遮挡

收纳优质景观——对沿线景观较好的乡野、水景、林田等路段,可少量点缀绿化或不进行绿化,通过设置钢索护栏、修剪遮挡视线的野草树木,以"引景"的手法将优美景观呈现于公路两侧,让驾乘者获得欣赏沿途美景的体验(图5-15、图5-16)。

图5-15　采用缆索护栏　　　　　　　　　图5-16　不栽植行道树

整合杂乱景观——以整齐为标准,以凸显公路线形为目的,把公路沿线杂乱现象进行统一整治,起到视觉统一、清洁、整齐的效果(图5-17、图5-18)。

图 5-17 拒绝杂乱

图 5-18 视觉统一

避免农村公路绿化园林化、盆景化。公路景观是动态视觉条件下的景观,大多数农村公路路段处于乡野,动态景观应与乡野景观相融合。一般而言,规整且种类层次较多的园林化栽植容易与乡野景观格格不入,后续管理养护难度较大。为恢复和美化景观,可采用与周边环境融合的绿化形式,以当地常见或特有的乡土植物为主,形成特色突出的成片式植物景观,不仅容易养护,也可成为当地一景(图5-19～图5-22)。

图 5-19 竹林

图 5-20 水杉

图 5-21 新疆杨

图 5-22 沙棘

5.5 展现乡土文化

公路所在乡村的历史、文化与景观特征背景,乃至其独特的地理区位,既是当地值得骄傲的资源,也是美丽农村路"乡风乡愁"的根基所在。美丽农村路应支持乡土文化的展示,将美丽农村路作为乡风文明宣传展示的窗口。公路建设者应注重创新、突出融合,并体现耐久性和易养护性,如采用乡土材料(竹篱笆、砌石、鹅卵石等),维护和展现其景观、历史、美学和文化价值(图 5-23 ~ 图 5-26)。

图 5-23　局部路段设置竹篱笆形成路宅分界

图 5-24　低矮砌石形成路宅分界

图 5-25　滨水路段乡土特色的鹅卵石分界

图 5-26　就地取材设置景观设施

在公路沿线可适当布设小品景观,将公路与乡村文化、党建、管养等内容相结合,形成独有的公路文化品牌,既起到点缀公路景观的效果,又能营造良好的宣传氛围(图 5-27 ~ 图 5-33)。

图 5-27　废旧自行车再利用

图 5-28　骑行小品点缀

图 5-29　大地景观艺术

图 5-30　保留村庄的历史

图 5-31　稻草人和水车文化

图 5-32　路段上的马拉松赛奖章

图 5-33　党建文化展示

实例 5-2　校地合作提升公路景观

农村公路建管单位与艺术类院校建立合作关系,为学校提供创作场地;学生可以在此开展实习,将其艺术作品融入到公路文化中(图 5-34)。

图 5-34　农村公路与艺术创作融合

乡土文化的展示可包含新时期乡风文明建设成就、村容村貌的新风尚、地方文化的标志性元素以及乡村景区独特景观等,结合路域环境,通过身份标识、服务设施标识、村寨标识及农业区、景区设施标识等特色标识进行展示。

身份标识——通过公路起点标志、地面图形标线、公路里程碑、界碑共同实现。身份标识可设置在公路起点和入口路段,设置间距可根据路口情况灵活确定。身份标识 LOGO 设计需深入挖掘文化元素,结合该区域独有的环境、历史、民俗特点,提炼元素符号印记,形成美丽农村路独有的身份标识。

服务设施标识——由服务系统导引图、预告标志、指示标志和景观标识小品共同实现,应体现不同服务系统的功能,以及路段景观、文化特色。

村寨标识——一般村寨可通过地名标识实现,地名标识应统一规范;旅游景区村寨可通过地名标志和村寨门户标识实现,体现民族特点和个性化。

农业区、景区设施标识——包括农业区、景区标识符号和农业区、景区标识景观小品;普通景区根据其类型,可采用规范统一的图形标识符号。

6 养护管理

四好农村路"建好"是基础,"管好"是手段,"护好"是保障,"运营好"是目的。"管好""护好"不仅是"四好农村路"的基本要求,也是体现美丽农村路建设的根本属性。科学、高效的养护管理应贯穿美丽农村路建设和维护全过程。加强预防性养护,完善管理养护长效机制,定期开展检查、评估以维护品牌,能够确保美丽农村路健康、可持续发展。

6.1 健全管护体制机制

要坚持"建设是发展,养护管理也是发展"理念,县级人民政府是美丽农村路管理养护的责任主体,应落实机构、人员、经费,尽量延长美丽农村路"美丽"的"保质期"。

6.1.1 建立长效管理体制

市县级政府部门对美丽农村路建设的高度重视与大力支持,有助于建立长期有效的管理体制,形成管理架构,明确各级养护工作机构和养护人员,保障管理养护资金到位,确保列养率达到100%,技术状况达到优良等级。

> **实例6-1 召开"四好农村路"年度现场会**
>
> 以市县政府为主体,市政府主要领导主持召开"四好农村路"现场会,强调美丽农村路建设的重要性,是促进各下级部门提高工作积极性和主动性的有效手段。
>
> 同时,鼓励将美丽农村路建设成效纳入市政府对县政府、县政府对乡镇政府的年度考核,也是落实相关工作要求的有效举措。

6.1.2 明确路长权责

美丽农村路应全面落实农村公路"路长制"要求,明确县乡村三级路长在美丽农村路建设及维护过程中的权责,编制路长美丽农村路建设责任清单,组织"优秀路长"评选,提高美丽农村路管护的积极性和主动性。

实例 6-2　甘肃省清水县建立农村公路县乡村三级"双路长"工作机制

按照"党政领导、属地管理、多方参与"的原则,甘肃省清水县建立县乡村三级"双路长"工作机制,为每条农村公路配备了"管家",实现了全覆盖、路"长治"。设立管护公示牌,分别由 1 名县级路长、2 名县道区间路长共同负责管理,建立"巡察、处置、督查、通报"制度,定期开展路域环境治理,加强路政执法,实现依法治路。公路沿线视野范围内干净整洁,无违章建筑、违法设施、违法广告,营造出了"畅、洁、绿、美、安"的公路环境,形成了路长、副路长、职能部门、管养责任单位对落实"路长制"工作共同负责的良好局面,促进农村公路以职能部门建管养为主向多部门联动转变。

实例 6-3　四川省"最美路长"评选

为贯彻落实习近平总书记对"四好农村路"建设重要指示精神,持续营造农村交通发展良好氛围,积极培树和宣传推广典型,四川省交通运输厅制定了《四川省最美农村路、最美路长、最美护路员评选活动实施方案》,通过网络投票、专家评审、命名公布等环节,确定全省年度最美农村路、最美路长、最美护路员。2021—2025 年期间,每年计划组织开展全省最美农村路、最美路长、最美护路员评选活动,每年分别评选出最美农村路 10 条、最美路长 10 名、最美护路员 20 名(图 6-1)。

图 6-1　最美路长宣传和评选

6.1.3　制定分类考评办法

实施"以考明责、以评促养"。宜根据美丽农村路的技术参数、功能和服务范围等,制定美丽农村路分类考评办法,将美丽农村路建设成效纳入工作考核,推动落实季度抽查、年度考核,对工作推进情况良好的给予奖励或增量补助,对工作推进情况较差的实行约谈、责令整改、扣减补助等措施,充分发挥激励考核"指挥棒"作用。鼓励实施市、县、乡考核排名公开制度,利用政府网站、微信政务平台等渠道进行公示,增强管理养护的责任感和主动性。

6.2 创新管护模式

管护好美丽农村路,其目的是支撑农村的长期繁荣与美丽。基于当前政策,不断探索创新养护管理措施,是保证美丽农村路持续美丽、长期发展的有效路径。

6.2.1 建立多元化筹资模式

(1)探索多元化养护资金筹措模式。建设、养护资金的持续平稳配套是保证美丽农村路长期健康发展的关键。可积极探索多元化资金筹措模式,集合政府、社会、金融多种渠道,上下一体保障农村公路建设、养护资金充足到位。如通过公路冠名权、公路光荣碑、公路志等荣誉授予方式,建立自助筹措、社会化捐助等多类型的资金,灵活补充建设、养护资金的不足,提高美丽农村路整体服务水平。

实例6-4　浙江省台州市农村公路建设、养护资金配套措施

浙江省台州市通过建立多元化筹资模式"部省补一点、市里奖一点、县乡挤一点、村里筹一点、乡贤助一点、项目拼一点",有效建立了农村公路养护资金保障机制(图6-2)。

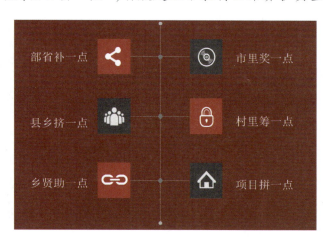

图6-2　台州养护资金配套措施

部省补一点——按照省政府出台的"四好农村路"奖励考核办法,争取到省补资金。

市里奖一点——台州市政府另配套约为省补资金的16%的经费用于奖励"四好农村路"。

县乡挤一点——各县(市、区)均出台农村公路建设资金配套管理办法(配套比例为70%~80%),明确全部配套经费,同时大幅提高农村公路日常养护标准。

村里筹一点——各乡镇村发动沿线群众参与,如天台部分乡镇每村每月自发组织3天以上时间参与"四好农村路"义务劳动,开展志愿服务,义务劳动工时可换算成积分用于兑换日常生活用品。2018年一年时间,天台共义务投工投劳约1200人次,助建农村公路新改建、拓宽项目约320km,累计节约人工成本360多万元。

乡贤助一点——通过乡贤大会,以公路命名权、立功德碑(四好牌)、写入县志等形式,发动乡贤认捐、认养农村公路。目前参与的乡贤超过1000余人,认捐总资金超过2亿元,建立乡贤路近百条。

项目拼一点——通过与美丽乡村、农村人居环境提升、小城镇整治、四边三化、旅游项目等专项工程拼盘,建起公园路、旅游路、水利路、核电路等,合力建设"四好农村路"。全市拼盘项目总资金量超过3亿元。

(2)探索开展美丽农村路灾毁保险制度。宜将农村公路灾毁保险费用列入地方财政预算,通过保险赔付方式筹措灾毁抢修重建资金。

6.2.2 探索管理养护新模式

(1)探索实施"建养一体化"。"建养一体化"是指县级政府将拟实施的公路项目建设任务和一定期限内的养护任务打捆,委托项目业主单位采用市场化模式,通过公开招标等方式选择有融资能力的企业作为合作企业,项目业主与合作企业双方共同签订"建养一体化"协议,按协议实施农村公路的融资、建设及养护。其核心是"资源换资金",即将项目周边的砂石料资源、旅游资源,打捆以公开方式出让给国有企业置换资金,同时鼓励采取出让公路冠名权、广告权、相关资源开发权等多种方式多种渠道筹集资金,支持项目业主按合同约定和考核结果及时足额向中标企业支付项目工程款及养护服务费。中标企业可采取设计施工总承包等方式承担项目融资、建设和养护任务,并根据自身经营范围,对受让的各类资产资源等与普通省道、旅游公路和农村公路一体化开发经营,合同期满后将项目移交给当地县(市、区)政府。严禁地方以"建养一体化"名义新增隐性债务。

实例6-5 甘肃省临泽县"建养一体化"全面提升农村公路建管养运水平

甘肃省临泽县根据农村公路建设需求和资源禀赋,建立了"建养一体化"项目包和资源包。一是成立了由县委、县政府分管领导任组长的临泽县农村公路"建养一体化"

协调推进工作领导小组和临泽县农村公路"建养一体化"项目资产、经营效益评估工作领导小组,并成立临泽县交通运输项目建设工程管理处,作为项目建设管理法人实施项目招投标、组织施工、建设管理等工作。二是编制了《临泽县农村公路旅游公路推行"建养一体化"工作总体方案》和《X218线临泽县城至平川镇改建工程"建养一体化"实施方案》,并报经县政府党组会议研究批复。三是积极主动与省、市4家国有企业对接,于2019年10月与省水利水电工程局有限责任公司签订了推行"建养一体化"合作框架协议。

(2)适时推进美丽农村路养护市场化。养护市场化是突破当前美丽农村路养护管理瓶颈、解决现阶段养护问题的可行路径与方法。养护市场化模式主要体现在运作机制和手段两个方面:以利益机制为基础,由交通运输主管部门、县级农村公路管理机构、养护企业共同参与形成运作机制;手段则包括组建养护企业,推行招投标与监理制度及实现合同化管理等,建立政府与市场合理分工的养护生产组织模式,提高养护专业化、机械化、规模化水平。

实例6-6　贵州省黔南州农村公路全面纳入市场化养护

贵州省黔南州按照深化农村公路管理养护体制改革试点任务及财政资金"两直达"政策要求,积极探索推行"政府+企业+银行"三方共管资金管理模式的深入实践,即采用由养护企业在银行开设账户,建立"政府+企业+银行"三方单位共同监管账户资金的管理模式,通过招标人、中标企业、资金监管服务单位签订三方监管协议;通过三方共管,有效保障养护资金管理和使用安全。

签约后,黔南州地方列养国省道及县乡村组公路实现了100%市场化养护,为推进农村公路由传统粗放式管养向专业化、规范化、精细化转变奠定了基础。同时,黔南州正进一步探索"企业+'村社合一'集体经济""企业+公益性岗位"的发展模式,拟通过企业平台开发养护公益性岗位,鼓励养护企业吸纳沿线群众参与养护工作,带动群众就业增收,实现群众就近就业和公路养护提质增效"双赢"目标,有效助力乡村振兴战略实施。

6.2.3　构建群众性养护体系

(1)推动群众参与养护。农民群众是农村公路的使用者,也是坚定的维护者。坚持以人民为中心,充分调动群众的积极性,建立群众性养护体系。结合农村公路"路长制",合理开发养护公益性岗位,吸纳沿线群众参与农村公路养护工作,鼓励将增设养护公益性岗位作为评优评选的要素之一,倡导全民养护。根据实地情况,采取个人、家庭分段承包等方式实施,按照优胜劣汰原则,逐步建立相对稳定的群众性养护队伍,实现共享共治的群众参与体系。

> **实例6-7　湖南省全面构建群众性养护体系**
>
> 湖南省印发《湖南省农村公路水泥路"群众性养护"体系建设的指导意见》,建立了独具湖南特色的"1+2"群众性养护体系,即1个框架——"村实施四个一、乡做到查四季、县负责成体系";2个机制——"初期病害处治机制"及"路况常态化管理机制"。强化乡镇、村委会的养护责任,充分发挥农民群众的主体作用,尊重农民群众意愿,引导支持群众参与农村公路管理养护工作,积极创造公益性岗位,让广大农村群众在参与中直接受益,调动群众积极性、主动性、创造性,有效促进乡、村道"有路必养,养必到位"目标的实现。

(2)制定养护手册和开展养护培训。按照分类管理的原则,定期开展养护培训,提高基层养护工作人员的从业能力;针对地区农村公路养护管理过程中常见问题编制养护手册,供农村公路养护管理从业人员学习,以便对农村公路基本常识和养护管理等相关基本知识了解、熟悉和掌握,从而进一步提高养护管理质量和水平。

> **实例6-8　福建省印发《"四好农村路"养护"六标准"手册》**
>
> 福建省公路事业发展中心、永春县交通运输局联合编制并印发《"四好农村路"养护"六标准"手册》,对照"路面完好、路缘清晰、标识醒目、设施完善、排水通畅、路域洁美"的6标准养护工作要求,采用生动的图文案例形式,为全省交通运输部门进一步做好农村公路日常养护管理工作提供参考。

6.2.4　实施信息化管理

利用物联网、大数据、卫星遥感、人工智能等信息化技术,提高农村公路路产数字化、智慧养护与绩效管理考核水平。推动农村公路基础设施规划、设计、建设、养护、运营管理全过程和公路资产全要素数字化并及时更新,利用信息化技术快速识别农村公路"油返砂""边坡垮塌"等情况,实现农村公路问题的及时预警、感知与处理。建立农村公路综合信息管理系统,提升农村公路数据治理水平,实现农村公路信息化、网格化、精细化管理。

实例6-9 浙江省温岭市开启"智慧交通"数字化改革

温岭市充分发挥"大数据、互联网+"技术在农村公路管养中的作用,搭建了交通综合管理系统,主要通过路产信息数据管理、路产状态监控、动态车辆监控等功能,实现县道及重要乡道、村道的资产管理、日常保洁、小修保养、应急抢修等工作,并负责对主要道路进行视频动态监控,对水位进行实时监测(图6-3)。

图6-3 温岭市交通综合管理平台

实施农村公路管养工作公开化市场化,实现养护工作痕迹化,采用"定人定路"方式由专人每天上路巡查,巡查内容覆盖日常保洁、小修工程、桥梁检查等(图6-4)。

图6-4 大屏+App养护界面

6.3 注重路域环境治理

路域环境包括沿线绿廊、景观、房屋立面、村口、路口、公路外围山体背景、林地农田水系等。路域环境治理要与美丽乡村建设相结合,进行整体优化,并注重"一路一特色、一段一风景"。

6.3.1 优化路域环境

建设过程中应树立"一盘棋"思想,按照"先线后点"的原则开展,即先对全线进行整治提升,对沿线堆积物进行清理,对沿线损坏的公路设施进行修复,对沿线绿化进行补植和修剪,整体改造"脏、乱、差、破"现象,提升沿线景观环境;再通过对路口(村口)、平交口等重要节点的集中打造提升,起到"画龙点睛"的作用,形成突出的特色亮点。

实例6-10　路域环境整治提升

路域环境整治提升可集中开展"三路一化"行动(图6-5、图6-6):

(1)路面洁净行动。对路基路面加强保洁力度,特别是提高洒水车的使用强度和频率,有效消除路面扬尘、积灰等现象。

(2)路口接线行动。对接入主线的支线公路、村路或其他道路进行路口硬化接顺,确保其路面灰尘等不带入主线,路口规整统一。

(3)路边堆积物清理行动。对路边垃圾桶(堆)、居民杂物等堆积物进行集中清理,无法搬离的应进行平整堆放或遮挡。

(4)绿化管护行动。对公路沿线绿化进行集中补植、修剪,确保绿化不缺口、整齐划一。

图6-5　硬化接口

图6-6　小花墙遮挡

实例6-11　陈旧朴实不破败、以简为美不粗陋、乡风乡野不荒芜

农村公路运营管理阶段应以"整"代"建",减少大拆大建,重点治理乡村乱堆放、乱搭建、乱扔垃圾等"脏、乱、差"现象。追求简单,避免出现农村门前屋后乱堆乱放、乱晒乱扔等陋习;公路设施可以陈旧,但应避免破坏;公路沿线应追求乡野、原始,路边野景可免于修剪,减少人工痕迹,但应避免抛荒感。

（1）陈旧朴实不破败。农村公路以展现乡村特色为基础,不追求豪华,不与城市道路类比,不讲究设施和景观的高大上。秉承"能用就行,不铺张不浪费"的原则,容许部分设施陈旧,公路设施能修补不拆除,能使用不新建,但应避免公路设施出现破损,做到及时修复(图6-7)。

图6-7　陈旧朴实不破败

（2）以简为美不粗陋。农村公路以"以简为美"为原则,不搞花团锦簇、豪华装饰,使用"以减为美"的手段,多做减法。整治乡村陋习,避免公路沿线乡村门前屋后出现乱堆放、乱搭建、乱晒乱扔等陋习(图6-8)。

图6-8　以简为美不粗陋

（3）乡风乡野不荒芜。农村公路应体现乡村乡野,体现民俗、生态和自然,绿化多以乡土树种和多年生籽播花草为主,景观构造多以本土原材料(稻草、木头、鹅卵石、砖瓦和竹篱笆等)组合,体现乡村特色。部分山岭路段路边野草可免于修剪,减少人工痕迹,但应避免抛荒感,宜绿则绿、应绿尽绿(图6-9)。

图6-9　乡风乡野不荒芜

6.3.2　注重路域洁化

按规定进行路面冲洗、清扫,及时清理沿线路边、死角、废弃地的垃圾、撒落物、堆积物。尽量避免将垃圾房、垃圾堆建于公路边。确须建于公路边的,应采用统一设置、绿化、文化墙等美化措施加以遮蔽(图6-10、图6-11)。

图6-10　路侧乱堆乱放

图6-11　垃圾房优化

6.3.3 引导群众参与

广泛引导广大农民群众深入了解、积极支持、主动参与路域环境的保护,自觉摒弃破坏生态环境的不文明行为,形成环保绿化的理念和行为习惯。

> **实例 6-12　四川省丹棱县利用"道德超市"推动路域环境治理**
>
> "道德"是村民共同生活及其行为的准则和规范,"超市"即发生交易的购物场所,两者融合,即以行为准则所获积分来兑换商品,以"德"换"得"。四川省丹棱县张场镇万年村试点运行道德超市,将乡村振兴内容细化成道德超市积分项,以积累道德积分兑换商品的方式运行,接受村"两委"直接管理,自觉接受镇党委、政府管理,接受村民群众监督。
>
> 道德超市的兑换商品主要为生活日用品。其间由村民自愿兑换,或者等待积累到一定分值再兑换。建立积分卡发放和兑换台账,并根据积分兑换台账记录,每年评选一次"道德之星",每周五在道德超市外 LED 显示屏上滚动播放本周积分排行榜,让大家学有榜样、做有标兵。
>
> 人居环境整治是道德超市运行机制中一条重要积分项,引导村民爱路护路,推动农村公路路域环境整治,助力乡风文明建设。群众通过爱路护路、维护农村公路路域环境等优良作风获得道德积分,形成了群众广泛参与农村公路工作的良好局面,提高了群众的参与感、获得感和幸福感。

6.3.4 路宅分家、路田分家

路宅分家、路田分家是路域环境治理的重要环节。因地制宜,因路制宜,统筹安排,推动具备条件的路段应全部实现路宅分家、路田分家,实现整洁有序的景观效果。

新改建农村公路路宅分家、路田分家应坚持"一步到位"的原则,在建设之初就要明确公路用地范围。对农村公路两侧排水沟外边沿以外(无排水沟时,路堤或护坡道坡脚以外),或路堑坡顶截水沟外边缘以外(无截水沟时,坡顶以外),不小于1m范围内的土地进行征地拆迁,采取埋设路界桩或修建挡墙、护坡等工程措施并实施绿化美化,实现路宅分家、路田分家。

> **实例6-13 "路田分家"有妙招**
>
> 河北省邱县针对平原地区农村公路管养中"路田争地"的突出矛盾,按照"一路两沟四行树"标准,对农村公路实行"路田分家"、公开确权、退耕还路、反租倒包、调整置换、以树护路等一系列措施,走出了一条路田和谐相处共赢的农村公路管养新路子。
>
> 针对路田争地的问题,本着"尊重历史事实,保护群众利益"的原则,由乡镇组织调查摸底,依据各村耕地承包原始台账和乡镇道路占地权属资料,对道路两侧群众耕地面积精确测量,超出原始台账记载的,一律无条件退出。
>
> 对于路面平整,边沟、路肩较为完好的道路,重点是进一步整修,达到标准要求,并设置永久性路界标识;对于边沟深浅不一、宽度不足及路肩坑洼不平的道路,重点是扩挖边沟、修补路肩,达到边沟清洁无杂物、排水畅通、不塌陷、不下沉的标准,并设置永久性路界标识,落实管护机制;对于没有边沟和路肩的道路,重点是实施退耕还路,根据确定好的路界撒灰线,修复路肩并挖掘路边沟,还路于民,还路于绿。
>
> 山区"路田分家",结合农村环境整治采取了不同的办法,沿山修筑挡墙,使路与山分家;临河设置钢索护栏,使路与河分家,既保证了安全、保护了环境,又明确了公路的界线。

农村公路穿村路段,可因地制宜选择铺设草坪砖、种植绿篱、花池、栅栏等乡村元素,实现路宅分家(图6-12、图6-13)。

图6-12 村镇区域用栅栏和小花墙进行路宅分家　　图6-13 通过简易铺装路面实现路宅分家

农村公路穿越田间路段,可充分利用绿化、边沟、防护网等设施,将农村公路与沿线田地予以分隔,实现路田分家(图6-14、图6-15)。

一、技术篇/6　养护管理

图 6-14　采用排水沟实现路田分家

图 6-15　采用行道树与生态边沟实现路田分家

7 助力乡村振兴

乡村振兴，交通先行。高质量的农村公路是现代农村的标志，是乡村振兴的代表形象之一。要充分发挥美丽农村路在引领城镇发展、优化农村布局、支撑农业农村现代化等方面的作用，更好服务乡村振兴"产业兴旺、生态宜居、乡风文明、治理有效、生活富裕"的总目标。

7.1 支撑物流体系

着眼乡村物流发展，将物流站点和物流体系建设纳入美丽农村路的建设过程中，统筹考虑县、乡、村三级物流网点布设，提前规划、提前布局、预留场站、预备设施，支持城乡物流体系的构建。

综合利用交通、邮政、快递、农业、商贸等资源，通过美丽农村路的建设，全面推动县、乡、村三级农村物流节点体系建设，强化乡镇运输服务站、村级寄递物流综合服务站点建设。因地制宜开展美丽农村路的交邮融合、电商物流融合、客货同网、货运班线等多种形式的融合发展。依托美丽农村路，能够有效建设农村物流网络节点体系，形成三级农村物流基础设施网络，促进县级仓储配送中心、乡镇物流服务站、村级物流服务点、农村物流快递公共取送点等建设，鼓励多站合一、资源共享，全面提升农村物流网络覆盖率和综合服务能力。

7.2 促进产业发展

"产业兴旺"是乡村振兴的关键，是实现农民增收、农业发展和农村繁荣的基础。产业兴，路先行。美丽农村路的修建要着眼于乡村产业发展需求，着重分析乡村产业发展基础，借助其优势，瞄准产业来修路。以路为纽带，带动一方产业，带动一方经济。努力把农村地区的环境优势、资源优势转变为经济优势、发展优势，促进当地特色产业因路而起、因路而兴。

美丽农村路不仅要做好交通基础支撑，更应考虑融合发展。针对当地产业资源的特征和类型，在条件允许的情况下，积极配套服务设施，如针对林果产业、资源产业力所能及地配套村路装卸场站、售卖点、物流中转站等;如美丽农村路与乡村旅游产业融合,将农村公路与乡村旅游景区、田园综合体、特色小镇、乡村旅游等产业项目组合开发,根据需求设置驿站、自驾车房车基地、慢行道等,提供停车、休憩、观景等服务功能。

> **实例7-1　四川省蒲江县农村产业公路**
>
> 　　近年来,四川省蒲江县将农村公路作为全县产业发展的基础"骨架",围绕国家现代农业产业园创建,高质量建设园区产业路330km,实现以天府农创园为核心的柑橘(25万亩)、猕猴桃(10万亩)、茶叶(10万亩)三大优势农产业集中连片发展,带动发展农旅融合项目57个,建成农村电子商务服务站点及物流配送网点134个,电商产业园入驻主体达4500余家,电商和物流配送服务站实现建制村全覆盖(图7-1)。如今,道路通了、宽了,农资、农机具直接运到田间地头,肥料、农药采用机械喷施,生产效率大大提高。
>
>
>
> 图7-1　蒲江"交通+产业"

7.3　提振乡风文明

农村公路是乡村的对外通道,也是展示美丽乡村的"窗口"。美丽农村路不仅能够支持乡村人居环境的改善,更应通过路的展示功能与乡村文化建设相融合,提升乡村文化魅力。通过美丽农村路重塑乡村文化面貌,提振乡风文明。

重视美丽农村路的人性化建设。完善美丽农村路无障碍设施建设,健全老年人交通运输服务体系,满足老龄化社会交通需求,提高特殊人群出行便利程度和服务水平。

注重对交通文化的保存保护。进一步强化古道等历史遗迹保护,开展交通文化内涵研究和传播,注重交通运输与乡村历史文化的结合。

加强文明交通绿色出行宣传,强化交通参与者的规则意识、法治素养及社会责任等,推动形成文明乡风。

开展有文化思想的创建工作。深入挖掘公路沿线农耕文化、人文历史、民族民俗等文化资源,加强与周边旅游景区间的互动,注重资源差异化和互补性,突出特色,勇于创新。有条件时,可按照"一路一特色、一线一品牌"的要求,明确区域和路段主题,构建"成线、成环、成片"的文化风景线。利用美丽农村路的标识标牌、服务设施和景观设计,把农村公路做成文化,把农村公路讲成故事,使人们在路上行进,像旅游一样,走一走路,停一停景,看一看村,听一听农村公路故事的讲述。

实例 7-2　苏州着眼千年吴地文化,打造"乡韵文化路"

推进村容整洁、提升乡风文明、保护利用乡村传统文化、重塑乡村文化生态、发展乡村特色文化产业,都需要农村公路作为重要载体。

长期以来,苏州农村公路扎根地域文化,借助沿线绿化景观、服务设施、交通安全设施等设施载体,充分展现和融入苏州独有吴文化特色,形成了独具特色的"乡韵文化路",成为宣传习近平总书记经典语录和党的十九大精神、地域传统文化、社会主义核心价值观、乡规民约、邻里和睦的重要阵地。省级"四好农村路"示范市建设开始以来,苏州重点打造"一核四片"的苏州农村公路品牌集群,进一步彰显苏州吴文化特色。一核,即"吴风雅韵"的现代农路新样板;四片,即东部环湖农路"经纬阳澄湖"品牌、南部水乡农路"水乡珍珠链"品牌、西部山水农路"太湖风景线"品牌、北部生态农路"沿江生态圈"品牌。

全市8个县市区创新创优,按照"一路一风景""一县一特色""一村一幅画"的模式,打造完成了8个县级综合品牌和40余个子品牌。吴江区重点打造"四韵和融"农路品牌,吴中区重点打造"吴韵匠心"品牌,相城区重点打造"一脉相城"品牌,高新区重点打造"智汇高新绣美农路"品牌,昆山市重点打造"昆韵大道"品牌,太仓市重点打造"金仓丝路"品牌,常熟市重点打造"常来常熟"品牌,张家港市重点打造"邂逅沙洲"品牌,并都通过了全省农村公路"一县一品牌、一区一特色"创建成果省级评估。乡韵文化路的打造,让"逢山开路、遇水架桥、开路先锋、赤心为民"的公路交通文化精髓得以彰显,工匠精神、钉钉子精神、铺路石精神在"四好农村路"建设过程中愈发厚重,地域文化、历史文化、乡土文化、民俗文化、交通文化得到有机融合,形成了独具苏州特色、磁场强劲的"乡韵文化"。

二、案 例 篇

1 路域环境优美型

路域环境优美型美丽农村路沿线景观(如植被、山体、田园、村落)富有地方乡土特色且保护良好,极具视觉欣赏价值和体验价值,已形成景区景点或具备形成景区景点的潜力。

1.1 安徽省泾县上板路"皖南川藏线"

1.1.1 基本情况

上板路属安徽省泾县X076县道,被誉为"皖南川藏线"精华段。起点位于汀溪乡上漕村接X073县道洗白路,终点位于汀溪乡桃岭村接宁国市凤板路,全长18.629km,采用四级公路技术标准,设计时速20km/h,全线为沥青混凝土路面,是桃岭村通往泾县的唯一出口道路。

"皖南川藏线"全长200多公里,沿线生态优美,风景独特。上板路位于其核心区域,俗称"桃岭六道湾""江南天路",沿线山高林密,溪涧纵横,环境优美。不仅有广西桂林山水之美,又有云南石林之奇,还有G318川藏线之险,独具皖南山水之精华,曲折惊险,风景独特,青山或竹海连绵,偶有水库辽阔,是适合自驾、骑行的好地方(图1-1)。

图1-1 泾县"皖南川藏线"

近年来,泾县着力打造"美丽公路",推进"美丽公路+"融合发展,先后投资约4500万元,围绕"交通+旅游"融合发展,不断改善该路路况,完善附属设施和提升服务水平。结合地形,修建了多个观景台、停车位、加油站、休息区等服务设施。同时,结合沿线设施,投资400余万元,新建了一条长达350m的浮雕墙和"美丽公路、幸福之路"展示馆,全方位反映该路的建设过程和泾县的人文景观。

1.1.2 方法举措

(1) 创新规划设计理念

规划引领,全局谋划。为有效指导包括上板路等泾县美丽公路建设工作全面开展,打造全域美丽公路网,2019年县政府启动《泾县美丽公路建设规划》及实施方案的编制工作,积极推进美丽公路全面建设。规划中打造"一轴、三廊、多支线"美丽公路建设,做到远近结合、干支衔接,全面推行美丽公路。其中规划上板路途经桃岭盘山公路、板桥原始森林自然保护区等景点,以"激情山水,江南天路"为主题,以桃岭公路为核心,打造一条休闲旅游的观光道。

动态设计,贯穿全程。泾县美丽公路建设将动态设计贯穿于工程施工的全过程,根据施工现场的反馈资料,对现场条件、设计参数及设计方案进行再验证,如确认与原设计条件有较大变化,及时补充、修改原设计方案,再采用修改过的设计方案指导现场施工。通过动态设计,让工程施工更符合实际,以此来打造优质精品工程。

(2) 提升主体工程品质,实现生态美

在主体工程改造中,充分利用旧路资源,完善公路养护、排水等附属设施;通过"白加黑"路面中修改造,很好地提升路面技术状况,同时较高地提升路面平整度和舒适度;在边沟设计上突出因地制宜,体现宽容性理念,充分利用路侧空间设置排水设施,顺势自然,兼顾排水、安全与生态三大功能。

(3) 提升行车安全水平,实现舒适美

项目贯彻落实《安徽省人民政府办公厅关于实施公路安全生命防护工程的意见》,对所有美丽公路路段完成安全隐患排查和治理工作。全面完成急弯陡坡、临水临崖、公路平交路口等重点路段隐患治理,保障公路交通安全设施齐全。建设中以提升防护等级、消除危险路段、完善标志标线、加强反光设施四个方面为重点,对于路侧高差大于3m的路段,采用相应等级防护设施,并适当考虑与自然环境协调。

结合交通运输部灾毁项目和农村公路安全生命防护工程项目,对上板路进行了拓宽改造,全线强化了安全设施设置,特别是在临水临崖路段增设水泥混凝土挡墙,设置了波形梁钢护栏等重要安全防护设施。

针对绿道、观景台等，考虑行人行车安全，并结合自然环境和地域特色，采用多样仿生防护设施（图1-2）。

图1-2　有特色的仿木防护设施

（4）部门联合大力整治路域环境，实现和谐美

该项目以"靓、透、诱"为原则，对街道段人居环境进行治理，通过清理、隔离及绿化提升等形式，让村镇环境"靓"起来。对沿线自然风貌路段清理及移除遮挡物，使其秀美风景"透"出来。对沿线文化旧址重新修缮、街道外墙文化改造，将区域文化风貌"诱"出来（图1-3）。

图1-3　沿线重新修缮的文化旧址

工程措施上，交通运输部门和当地政府结合"三线四边"治理工作，采取"一拆、二挡、三清、四改"措施，整治路域环境。

拆——重点对无人居住的破旧建筑、破旧厕所、废弃墙及违法经营场所进行拆除。

挡——对于居民庭院前杂乱及距离菜地较近等路段，采用围墙或栅栏遮挡（图1-4）。

清——对路侧堆积物（沙堆、土堆、石堆、柴堆、垃圾堆等）以及路肩、河岸、山坡等杂草荒地进行彻底清理，对影响视距的树木进行修剪清理，对影响公路环境的杆线、广告牌进行清理。

图1-4　栅栏隔离遮挡

改——根据乡镇特色及风格,采用不同形式的墙面改造方案,尽量不破坏原有房屋结构(图1-5)。

图1-5　房屋外墙立面改造

此外,沿线景观绿化提升时,秉承"路林相融、路山相融"的原则进行改造。

路林相融——以不破坏生态为原则,减少破坏,保护自然林地和苗圃树木、植被、形态,并搭配乡土色叶树点缀。

路山相融——保障视距通透,注重远景、近景层次的营造,适当增加乡土色叶和观花类乔灌木搭配配置,展现山林景象。

(5)多手段提升和展示文化水平

设计文化景观节点,展现地域文化。项目起终点及路线交界处设计文化景观节点,采用特色精神堡垒、雕塑等形式,直观展现地域主题文化(图1-6)。

打造文化展示馆。该项目结合沿线历史古迹、遗址进行重新修复及改造,打造了"美丽公路、幸福之路"展示馆,全方位反映该路的建设过程和泾县的人文景观(图1-7)。

设置特色标识系统。配合地域文化特色,在桃岭六道弯设置景点提示,同时在公路景观节点、停车区等增加具有地域特色的指引标识系统(图1-8)。

图1-6　文化景观节点展示

图1-7　文化展示馆

图1-8　特色标识牌

(6)打造便民服务设施

服务交旅融合,设置观景台。该项目充分突出交旅融合,充分结合自然环境特征,在有较高景观价值且行车安全条件较好的路段,利用旅游百佳摄影点、风景优美路段的路侧空地打造观景台6处,达到引景入路的效果。

亮化提升工程。为提升上板路夜间行车安全水平,为夜骑及驾车人员提供安全、便利、舒适的行车环境,增加沿线夜间亮化景观,打造风格独特的山路夜景。该项目以彰显"皖南川藏线"的"网红、天险、原味、艺术"为总体定位,营造"皖南川藏线"的"徽州仙境、水墨画卷、江南天险"高品位的夜景游览线路。亮化提升改造工程从苏红村入口至桃岭宁国入口,采用多点一区块布局。其中一期工程为六道湾精品段。安装了LED线形染色灯2000多套,LED警示灯700余套,LED照树染色灯300多套,LED护栏射灯150套,LED艺术草坪灯57套,LED投光灯20余套等。为减少灯光污染,节能减排,确保行车安全,灯具安装均考虑防眩光设计。线形染色灯与警示导向灯给人流动感,让六道湾夜晚在云与水中流动,光彩顺着六道湾的自然形态逆流而上,充分体现"皖南川藏线"的魅力(图1-9)。

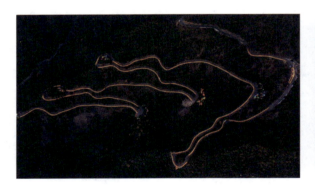 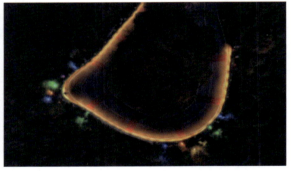

图1-9 桃岭六道弯亮化夜景

(7)日常养护市场化,管理纳入"路长制"

为高品质打造上板路,县政府按照每年每公里10000元标准,足额安排养护资金。县交通运输部门通过政府采购,实行市场化运作,由安徽志辉公路养护有限公司专业承包日常养护工作,公路路况始终处于优良水平。

自2019年在全省率先推行公路"路长制"工作以来,泾县已将上板路纳入"路长制"管理范围。按照"权责明确、分级管理、管养有效、奖惩有力"的原则,在县级设立总路长,分级设立县、乡、村三级路长,构建起了完善的县、乡、村三级路长组织体系(图1-10)。

(8)以路促产,以产兴路

极力发展自驾游产业。宣城政府部门高度重视自驾游产业的发展,稳步推进优秀自驾游目的地建设。2016年成立宣城市自驾游露营协会,编制了自驾游手册,与维萨自驾游联盟共同推出了自驾游护照,与旅游热线(上海)联盟、旅游热线(浙江)联盟、长三角自驾游协会全方位合作,吸引自驾游群体。借助举办大会,打响"皖南川藏线"名气,泾县也借此提炼出"安徽川藏线　最险泾县段"。精心谋划,多措并举打好新媒体"营销战","安徽川藏线"旅游攻略、游客游记等通过新媒体平台开始在游客中间叠加传播。市旅发委历经3个月编印"安徽川藏线"自驾游指南,进一步优化自驾旅游线路,并通过全媒体发布电子版攻略。2018年,市旅发委再次编印2018版"皖南川藏线"自驾指南,为广大自驾游爱好者提供贴心的旅游服务。

图1-10　路长公示牌

对沿线9个村镇的产业进行引导经营。线路上分布有青龙乡、储家滩、方塘乡、板桥村、桃岭、苏红村、汀溪乡、爱民乡、蔡村镇等9个村镇,目前每个村镇均有一个优势发展方向,分别开展农家乐、客栈、民宿、餐饮、特产的经营。政府主要采取管理措施,在经营内容、形式、规范性上加以引导,带动产业良性发展,使沿线居民共同富裕。

1.1.3　小结

上板路依托其优美的景观,遵循"规划引领,全局谋划;动态设计,贯穿全程"的原则,围绕提升主体工程品质、提升行车安全水平、整治路域环境、提升和展示文化水平、打造便民设施、市场化养护、带动产业发展,实现生态美、舒适美、自然美、温馨美、和谐美、公路文化内涵美,最大限度开发利用沿线各类资源,成就了长三角区域著名的"网红路",有效带动了周边3家4A级景区和4家3A级景区及"农家乐"的发展,帮助当地村民脱贫致富,也吸引了外出打工的农民返乡创业、各地游客纷至沓来。据报道,2017年线路的农产品销售收入达2000余万元,沿线的农家乐收入达1600余万元。2018年仅国庆中秋

8日,线路共接待旅客30余万人次,过往车辆10.5万辆,收入总额超过1.33亿元,极大地带动了沿线地方经济发展。

1.2 浙江省天台县寒山和合环线

1.2.1 基本情况

浙江省台州市天台县寒山和合环线为县道,全长69.702km,公路技术等级分段为四级、三级、二级,路基宽度为6.5~24.5m,路基边坡稳定,坡面绿色植被覆盖充分;全线为沥青混凝土路面。

该环线是天台县"四好农村路"重点打造的精品环线,经过天台县始丰街道等4个乡镇(街道),串联起张家桐村、后岸村、寒岩村、张思村、茅垟村等众多精品农家乐、民宿村,带动了沿线美丽经济的发展。

1.2.2 方法举措

(1)主体工程建设有序

该环线建设以"省钱建美丽公路,用心比用钱更重要"为核心理念,以"洁、齐、平、绿"为主基调,以"三路一化,四大行动"为措施,追求公路独有的线形美,做到四线(路基路面边缘轮廓线、车辆行驶分道线、安全设施防护线和绿化美化线)分明、路宅分家、路田分家。具体建设过程中,加强对路基路面的保洁力度;对接入主线的支线公路、村路或其他道路进行路口硬化接顺;对路边垃圾桶、居民杂物等堆积物进行集中清理;对公路沿线绿化集中补植、修剪(图1-11)。

图1-11 接线口硬化处理

（2）路域环境整治有方

该环线在路域整治上做到"嘉者收之、俗者摒之、乱者统之"。对沿线景观较好的路段，免栽绿化或少量点缀绿化，设置钢索护栏，并修剪遮挡视线的野草树木，以"引景"手法将景观呈现在公路两侧；对路侧视觉效果较差、杂乱等现象，通过砌筑文化墙、种植植物绿篱等形式，以"障景"手法予以遮挡；以齐整为标准对公路沿线杂乱的现象进行统一整治，起到视觉统一、清洁、整齐的效果。环境协调，根植于乡村特色，还原乡村的自然美、生态美和历史、人文、休闲元素，让"乡村回归乡村"，使每一个乡村都能展现出独特的文化韵味、别样的田园风光和良好的生态环境（图1-12、图1-13）。

图1-12 沿线优美的路域环境

图1-13 简单、协调的路域环境

（3）建设模式有创新

采用"乡乡建有党建路"和全民参与的"3+"模式，实现美丽农村路的品牌融合。将红色文化融入美丽乡村路品牌创建，将"乡乡建有党建路"作为拳头产品深入推送，开展

"送设备、送技术、送服务,联合创建"的"三送一联"共建联创活动,合力推进美丽乡村路建设,体现"四好农村路"建设的良好氛围。在全民参与方面,发动沿线群众、乡贤、社团组织等广泛参与公路建设,通过搭建"四好农村路"+乡贤、+党建、+群众等平台,采取授予农村公路"命名权""广告权""认养权",树立"四好牌",建立党员积分卡等形式,调动沿线企业、乡贤、党员、群众的积极性,引导社会力量参与建设美丽农村路(图1-14～图1-16)。

图1-14　与群众共建

图1-15　与妇联共建

图1-16　与党员共建

(4)服务乡村有效

该环线经过始丰街道、平桥镇、街头镇、龙溪乡等4个乡镇(街道),融入唐诗文化、和合文化、佛道文化,促进乡风文脉延续,带动了乡村旅游经济发展,引爆农家乐、乡村民宿、文化体验、休闲观光等美丽经济,促进农业增收、农民致富。值得一提的是,设置的寒岩综合公路服务站是台州市集旅游客运中转、物流中转、游客休闲、学生研学、公路养护、农产品售卖等为一体的"以站养站"典型案例(图1-17)。如今沿线的后岸村有100多家民宿,全村80%的村民吃上了旅游饭,沿线群众的获得感、幸福感不断增强。同时,每年天台山美丽乡村马拉松爱好者们穿越天台这条最美农村路花海和美丽乡村,领跑最高"颜值"马拉松赛道环线,分享公路沿线的美丽风光和建设成果,好评如潮(图1-18)。

图1-17　寒岩驿站

图1-18　休闲观光

1.2.3　小结

该环线依托沿线人文景观、自然景观、绿化景观、特色美丽乡村建设、特色产业,立足区域优势,充分挖掘当地美丽资源,坚持一张蓝图绘到底,一以贯之推进农村交通发展。全力构建最美农村路建设,以"省钱建美丽公路,用心比用钱更重要"为核心理念,以"洁、齐、平、绿"为主基调,以"三路一化,四大行动"为措施,公路等级达到四级公路以上技术标准,符合公路建设标准规范,路面养护和路段通行状况良好,运维能力强,工程品质优。在通行服务、旅游资源连接、促进经济发展等方面具有特色和创新,有典型代表性。路域环境整洁,四季常绿、三季有色、一季一品的视觉效果,生态环境优良,大大提升公路"颜值",走出了一条有特色、可复制、可持续、可推广的经济加快发展县推进"四好农村路"新路子,真正实现了农村公路"四个有"——有钱建、有章管、有人养、有效用。

2 乡土文化型

乡土文化型美丽农村路具有良好的乡村文化底蕴或具有乡风文明的良好氛围。通过美丽农村路的建设,使乡土文化进一步得到了提升和彰显,有效助力乡风文明建设。

2.1 天津市蓟州区西井峪路

2.1.1 基本情况

天津市蓟州区西井峪路始建于1999年,该路起自北环路白马泉村,途经泰和庄园、至道庄园、西井峪村,止于北环路山倾城小区,全长5.393km,技术等级为四级(图2-1)。由于年久失修,路面破损严重,2014年、2017年、2019年,建设部门将该路的建设任务纳入年度民心工程项目,筹措投资800万元对全线进行了提级改造,同时更新完善了沿线的安防、交通标志、停车场、公交站亭、公厕等附属设施。

改造后的西井峪路方便了广大群众出行,带动了中国历史文化名村——西井峪村的产业发展,切实为乡村振兴提供了交通保障,成功打造了一条名副其实的旅游路、文化路、产业路(图2-1)。

图2-1 西井峪路

2.1.2 方法举措

(1)结合乡土文化,于细节处处处融合

西井峪村因石而生、因石而居、因石而乐,有石街石巷石房子,也有石桌石凳石磨盘,

"石头"是祖祖辈辈积累的乡土文化符号(图2-2)。西井峪路在修建时,并未因为路段短而忽视特色化建设。公路的挡墙、临时停车区、公交车停靠点等处处体现了"石头村"的石头特色,把当地石材的应用表现到各个细节之处,让人在路途中就能感知到西井峪村区别于其他村庄的独特之处,从而产生浓厚的兴趣与期待(图2-3)。

图2-2 西井峪村村貌

图2-3 融合地域文化的西井峪路挡墙

(2)以路为媒,串联沿线产业

2014年,区交通局为满足渔阳镇对该村的旅游开发需求,结合该村与府君山公园、北环路较近等特点,设计了一条西进东出的环村路,将西井峪村、府君山公园与整个城区串联起来。环村路路面宽5m,采用水泥混凝土路面。此举避免了单一目的地直接通达的单调性,将周边相关产业通过一条线路有效串联起来,形成一个产业内容丰富、多样性更强的农村公路产业廊带,为未来的产业发展预留了更多空间。

(3)与时俱进,注重产业发展的适宜性

随着该村旅游业和交通运输的不断发展,2017年,区交通局结合实际将该路部分路段纳入了提升改造工程项目,将路面拓宽至7m,能够满足50人座大巴车通行。2019年,区交通局又更新完善了沿线相关附属设施。区交通局结合自身资金条件和建设条件,未盲目扩大建设投入,而是根据产业发展需要不断调整推进建设发展策略,通过局部改造、联动改造,逐步适应交通量的增加以及使用者对服务设施的需求。

（4）提振乡风文明，增强自豪感和幸福感

西井峪路畅通后，带动了客流、物流、信息流。该村依托其深厚的文化底蕴，打造村庄环境，改善居民住房，引进精品民俗项目。西井峪村独特的叠层式风貌和醇厚的民俗民风，吸引了京津众多摄影者的关注，成为远近闻名的摄影基地，参与了多部影视剧的拍摄。2019年被文化和旅游部评为"全国乡村旅游重点村"。2020年被国家林业和草原局认定为"国家森林乡村"。

（5）将公路管养纳入村镇年度工作重点

西井峪路投入使用后，渔阳镇政府和西井峪村委会高度重视，将区域内管养道路纳入镇村年度工作重点。镇政府成立了乡村公路管理站，与村委会组建了路产路权保护队伍，共同制定了乡规民约、村规民约，明确专职管理人员，进行日常养护常态化管理，组织开展路况巡查、路面保洁、专项整治等各项工作。

2.1.3 小结

乡土底蕴深厚的西井峪路建成后，彻底解决了该村的交通瓶颈问题，使该村成为闹中取静的休闲场所，为创建民俗文化村创造了良好的条件。西井峪村石材风貌独特、民俗民风醇厚。近年来，由于客流源源不断地增加，西井峪村不仅恢复了皮影坊、草编坊、缝绣坊、老磨坊、泥塑坊、漏粉坊、豆腐坊、煎饼坊、菜干坊和饽饽坊等手工作坊，而且让传统农家院向高端民宿蜕变，有力带动了村民增收致富（图2-4）。2019年，西井峪村旅游收入达到800多万元，村集体收入80万元，人均可支配收入23000元。该村又与中国农业银行对接，成立了"村信誉共同体"，解决了村民搞旅游、办民宿的资金问题。目前，该路路面技术状况良好、路域及周边环境优美、沿线附属设施及服务设施齐全，体现了沿线乡土文化，不仅方便了广大群众出行，而且带动了西井峪村的产业发展和西井峪村乡风民俗的传播，切实为乡村振兴提供了交通保障。

图 2-4

二、案例篇/2 乡土文化型

图 2-4 如今的西井峪村

3 乡村产业型

乡村产业型美丽农村路的建成促进了沿线产业带的形成,对产业发展起到不可或缺的作用。

3.1 贵州省湄潭县27°茶海路

3.1.1 基本情况

湄潭27°茶海路位于素以"中国名茶之乡"著称的遵义市湄潭县境内,起于G243与Y004交叉口,途经翠芽27°景区、"十谢共产党发祥地"田家沟、"西部茶叶第一村"核桃坝、七彩部落、烟岚旅居、兰馨庄园等资源点,止于兴隆镇核桃坝村,全长12km。线路编号为Y004520328,是按照四级公路标准修建的乡道,路基宽6.5m,路面宽5.5m,采用沥青混凝土路面,路况良好。

该项目蜿蜒盘旋于万亩山水茶园中,与路域环境高度融合、相得益彰。按照"六个同步"的要求,配套实施了浆砌排水边沟、硬路肩、错车道、便民候车亭、安防工程及绿化工程,附属设施齐备。

3.1.2 方法举措

(1) 因需施景,打造特色生态廊道

基于沿线优质的茶园风光、经典的红色文化、突出的民俗特色,项目建设高度重视与路域环境的协调融合。针对穿村入镇路段开展综合环境整治,与"四在农家·美丽乡村"创建活动有机结合,高标准、高质量提升沿线环境面貌,营造有序整洁、特色突出的穿村入镇路段街道景观;针对穿越茶田路段开展景观营造,通过与林业部门联动发力,有效拓展绿化空间,遵循"嘉者收之、俗者屏之、乱者统之"的打造思路,最大限度呈现茶田风光的自然美、生态美。因需施景、因景施策,营造出路景一体、重点突出、体验丰富的生态廊道景观(图3-1)。

(2) 完善设施,拓展公路服务功能

根据以路为媒、以茶促旅、以旅兴茶的发展思路,结合沿线产业发展需求、出行服务体验需求,合理设置了 2 处观景台、4 处便民候车厅、4 处公厕及 1 处旅游综合服务设施(图 3-2)。2014 年,在对公路进行提等升级改造时,同步完成浆砌边沟、硬路肩、错车道、候车亭、安防工程和绿化六项工程,极大完善和丰富了出行体验服务需求,并且通过道路提供展示和体验当地茶产业、红色文化的平台。

图 3-1　生态廊道景观

图 3-2　沿线完善的服务设施

(3)保障有力,推动项目高质量发展

项目成立了由县委书记任组长的建设领导小组,相继出台《湄潭县关于加快公路建设的决定》《湄潭县农村公路建设管理养护办法》等文件,为推动项目全过程又好又快发展提供了保障和支持。

(4)带动产业发展,助力沿线群众脱贫致富

在通达便利、服务完善、体验丰富的交通通行条件下,沿线村镇结合"以旅兴茶、以茶促旅"的发展思路,开始尝试探索茶旅一体化的致富路径,主动发展农家乐、民宿、茶事体验园等多种乡村旅游产业形式。短短几年时间,基本实现"茶区变景区,茶园变公园,茶山变金山",村民"人人是股东,户户能分红,年年有收益"。以沿线的金花村为例,2014 年该项目提等升级改造后,当年度即实现旅游综合收入 1200 余万元,带动附近贫困人口

400余人就业,幸福指数逐年攀升。沿线农民由此走出了一条道路通、产业兴、村民富、村寨美的"茶旅一体化"新路子(图3-3)。

图3-3 沿线居民焕然一新的房屋

(5)提升精神文明,塑造时代新风尚

红色故地的人民群众受益于党和国家的惠农强农政策,对畅通了、升级了、完善了家门口这条通村路心存感激、念念不忘。湄潭27°茶海路沿线龙凤村的村民更是发自肺腑吟唱出《十谢共产党》,唱出了"五谢共产党,走路把你想,以前走的羊肠道,现在道路宽又广"的感恩之情。

3.1.3 小结

近年来,湄潭县委、县政府按照"交通引领经济,突破农村公路建设瓶颈,促进县域经济大发展"的理念,坚持不懈狠抓农村公路路网、农村客运网建设,彻底解决群众"出行难、乘车难、运输难、致富难"问题。过去狭窄的烂泥路变成了今天"畅安舒美"的农村公路。

2014年初,湄潭县在全省率先实现农村公路和客运全覆盖,100%的行政村通油(水泥)路、通客运,并于2017年获得交通运输部授予的全国"四好农村公路示范县",2020年底通过交通运输部组织的"城乡交通运输一体化示范县"验收。在实践过程中,总结了一套可推广、可复制的山区农村公路高质量"建好、管好、护好、运营好"的经验做法。

3.2 宁夏回族自治区原州区姚磨至惠德公路

3.2.1 基本情况

宁夏固原市原州区姚磨至惠德公路是自治区发改委下达的2016年农村公路建设项

目。该项目南接里沟至臭水沟公路,北连杨忠堡至沈家河公路,主要服务于项目沿线的姚磨、惠德等农业示范园及惠德居民点,路线全长10.6km,由一条主线和八条支线组成,按四级公路技术标准建设。路基宽6.5m,路面宽6.0m,采用沥青混凝土路面,总投资1210万元。该项目于2016年7月开工建设,2017年9月建成通车。

3.2.2 方法举措

(1)以路带产,促进资源变产业

姚磨村地势平整,水源充足,气候条件独特,冷凉作物盛产,已有梨果等果品类种植成功,发展以经果林、花卉、高端果蔬为主的多元化产业前景看好。同时,冷凉蔬菜产业也成为发展生态观光休闲产业的一道风景和亮点。依托公路的建成和发展冷凉蔬菜产业的优势,发展休闲观光产业,得到了固原市、原州区的大力支持,在姚磨至惠德公路建设的基础上,规划建成"六区一中心"的姚磨村生态观光休闲产业园(图3-4)。

图3-4 蔬菜基地

(2)打造"互联网+交通运输"模式

开通农村客运信息服务平台"全微通",目前在黄铎堡镇金堡、张易镇大店等77个行政村安装了"全微通"站牌,当地群众可根据实际需求随时预约最近线路的客车,解决农民生产生活出行难、在校学生往返乘车难、城乡产品流通运输难、游客乡村旅游乘车难的问题。这种"互联网+交通运输"的全新模式,方便了群众,减少了运输企业的运营成本。

(3)整合资源,创新建管模式

原州区把农村公路建设作为持续推进精准脱贫的先导工程,紧抓交通运输部牵头六盘山集中连片特困地区扶贫开发的机遇,打破部门分割,整合交通、建设、环保、旅游等各方资金,以完善设施为基础、提升服务为重点,实践探索出独具特色的"双四(四坚持、四同步)"模式和"五+"("+产业""+脱贫""+旅游""+特色镇""+精品路")模式,将姚磨至惠德公路打造成为六盘山区建设"四好农村路"的先进典范。

3.2.3 小结

姚磨至惠德公路的建成投用,完善了姚磨、惠德休闲农业产业园局域公路网络,改善了当地群众的出行条件,使得基地蔬菜生产和销售更加便捷。一到丰收季节,每天发往广州、武汉、上海等地的蔬菜达二三百吨,村里还成立了两家物流冷链企业,使得姚磨村人均年纯收入达1.7万元以上,全村每年实现销售收入2.3亿余元。该公路的建成,也对当地发展冷凉蔬菜产业园及休闲农业观光园,融农业生产、自然环境、参与体验、采摘品尝、休闲观光、文化娱乐为一体,体现人与自然和谐统一的休闲农业生态旅游发展有很大的推动作用。

4 红色教育型

红色教育型美丽乡村路项目沿线具有较为著名的红色教育基地,或自身是红色遗产线路的一部分,或重点发挥了党员先锋带动作用。在美丽农村路的建设过程中,积极与红色文化结合,彰显了红色文化底蕴,形成了富有特色的文化线路。

4.1 山东省沂南县"爱尚沂南,红色之旅"环线

4.1.1 基本情况

"爱尚沂南,红色之旅"环线是山东省临沂市沂南县红嫂纪念馆到孟良崮战役纪念馆的一条"红色专线"。道路途经沂南县铜井镇、依汶镇、马牧池乡、孙祖镇、岸堤镇,全长59.6km,为县道,技术等级为二级,路面宽度最窄9m,最宽12m。

环线于2013年6月建成通车,穿越孟良崮、梨花峪、汶河、大风门、石崇崮、寨子水库等山区(库区),由垜马路、沂蒙生态路、铜鲁路、常石路等组成,辐射京沪高速公路、205国道、313省道、336省道。沿途旅游景点众多,有竹泉村、红石寨、马泉农业休闲园、沂蒙影视基地等4处4A级景区,孟良崮国家森林公园、孟良家园2处3A级景区,常山庄村、竹泉村2处"全国十大最美乡村"。该环线将沂南县红色教育基地与孟良崮纪念馆连成一线,串起王换于故居、大众日报社旧址等沿线7处红色旅游景点,直接缩短15km路程(图4-1)。

图4-1 "爱尚沂南,红色之旅"环线

4.1.2 方法举措

(1)深挖红色文化,融于路域环境

沂南县地处沂蒙革命老区,是一个新兴的全域旅游全国示范县。这里"红绿古泉"资源独特。红色令人震撼,绿色让人陶醉,文化叫人着迷,温泉一泡上瘾。依托现有路域环境,秉持"保护环境,自然和谐"的理念对沿途的历史文化、红色文化和旅游景点进行了深入挖掘。该环线串联20多处红色旅游景点,并将这些景点特色巧妙地融入其中,尽量减少拆迁、占地和采伐(图4-2)。

图4-2 路域景观体现红色文化

(2)融红色文化于沿线设施

结合沂南红色之旅、生态之旅,红色环线综合布设标志、标线,对填方较大的险要路段设立了防护挡土墙,对临水临崖、急弯陡坡路段安装了安全防护设施和道路安全警示标志,沿线设置停车场、观景平台、驿站、公交站棚等便民利民设施,提供停车、休憩、候车、观景等功能(图4-3)。为便于游客沿途观赏,在景观较好的地方设立了6处停车观光点,对沿途有观赏价值的古树、奇石进行了保护。沿线群众就地取材,利用当地鹅卵石、废弃磨盘等石材修建了花坛、边沟。

(3)以路兴产,带动红色旅游等产业发展

环线的建成打通了26个村庄与外界的联系通道,沿线建起了4处4A级景区,串联起2处"全国十大最美乡村",沿线开办的农家乐饭店生意红火,沿线20万名群众从中受益。曾经被世界粮农组织德国粮援项目考察专家确定为不适合人类居住的三山沟村,如今已成为乡村特色旅游示范村。朱家林国家级田园综合体、孟良家园成为2020年网红打卡地。该公路也被称为"山东沂蒙党性教育基地公路"。此外，依托该公路，助推了现代农业发展，沂南县积极引导沿线群众调整农村产业结构，在沿线建成20个以现代农业采摘园为代表的农业观光园区。积极推进城乡公交一体化，建成交通客运中心，在县城新开通6条公交客车线路，在岸堤镇、双堠镇开通3条镇村公交客运线路，在"红色之旅"全线开通旅游公交专线，极大地方便了山区群众和游客出行。

图 4-3　便民利民设施

4.1.3　小结

"爱尚沂南,红色之旅"环线的建成使3万名群众在家门口实现了就业。如今双堠镇西瓜、黑山安樱桃、孙祖镇有机小米、常山庄梨等已成为现代农业的知名品牌，真正使该条路成为"特色产业经济带"。此外，该环线的建成也带动了城乡客运发展，在"红色之旅"全线开通旅游公交专线，方便了山区群众和游客出行，极大地提高北部山区红色旅游基地的通行保障能力。"爱尚沂南,红色之旅"环线依托沿线丰富的红色文化，打造山东沂蒙党性教育基地公路，串联沿线典型红色文化景点，深挖红色文化并将其融于道路及附属设施的设计，带动红色旅游等产业的发展。

5 模式创新型

模式创新型美丽农村路的项目建管模式、运营模式、资金筹措模式等有新颖性或独创性,能够形成长效机制,对农村公路创新发展及沿线产业健康发展有积极的推动作用。

5.1 河北省邱县邱新线

5.1.1 基本情况

河北省邯郸市邱县邱新线东起邱城镇新井头村,西止东街村,于2012年建成通车,全长9.49km,路基宽9m,路面宽7m,为乡道,技术等级为三级,沿途标志标线齐全,路域环境良好。

2012年,邱县在全国率先实施农村公路"田路分家"工程,邱新线是第一批"田路分家"标准路段,从此开启了河北省农村公路"一路两沟四行树"标准化建设序幕。

5.1.2 方法举措

(1)厘清土地权属,杜绝私人占地

依据耕地承包原始台账和道路占地权属资料,对占用公路土地的,一律无条件退耕还路。

(2)沟树结合,确保路容路貌整齐绿化

探索了"一路两沟四行树"整修模式:"一路"即对农村公路进行修整;"两沟"即按上口1.5m、下口0.5m、沟深0.8m的标准扩挖道路边沟;"四行树"即在边沟内植树绿化,每侧两行(图5-1)。

(3)产路结合,效益双赢

在符合国家、地方相关法规及政策要求的前提下,推行道路管护与树木收益打捆承包机制,将公路用地范围内新植树木发包到户,通过协调林业部门将采伐收益划归承包人所有,林权人相应负责承包路段的日常管护,同时与专业管护相结合,解决了管护难题(图5-2)。

(4)以路带村,以林护村

推进公路整修"向村内延伸一公里",开展过村路段整治行动,全面改善村内道路环境,提升村容村貌。2018年以来,投入800余万元积极打造邱新线"田路分家"升级版,在公路两侧建设20m林带、基地林,建成环村生态防护林,形成完整的环村林带闭合圈(图5-3)。

图5-1 "一路两沟四行树"

图5-2 产路结合

图5-3 改善道路环境

(5)保险护路,多重保障

邱县与中国平安保险公司签订战略合作协议,为全县农村公路投保高额度财产险,路产、路权管护系上了"安全带",进一步提升了交通运输综合服务能力。

5.1.3 小结

通过打造邱新线"田路分家"升级版,沿线建成高档丝棉木基地4000余亩,成功销往北京、雄安新区等地,产品供不应求;发展优质红薯基地1.6万亩,建成"红薯小镇",成功创建"邱县蜂蜜红薯"区域公用品牌,年产鲜薯5万余吨,畅销北京、上海、济南等全国大中城市,带动农民增收5000余万元,带领群众走上了"致富路",巩固了"四好农村路"建设成果,促进了全县经济社会高质量快速发展。

6 幸福小康型

幸福小康型美丽农村路项目通过支撑贫困地区交通发展和产业提升,助力地区脱贫攻坚与乡村振兴有效衔接,为改善当地农村民生条件提供了重要基础。

6.1 河南省鲁山县石林公路

6.1.1 基本情况

河南省平顶山市鲁山县石林公路,北起尧山(石人山)国家风景名胜区所在的尧山镇大庄村,南至四棵树乡代坪村军事秘洞,是连接国道311线和国道207线的主干道,途经代坪村、平沟村、营盘沟村、大庄村、东竹园村5个行政村20个自然村(图6-1)。公路全长25.5km,全线按三级公路标准建设,路基均宽8m,路面均宽7m,采用沥青混凝土路面,生命防护工程覆盖全线,路况水平优良。

图6-1 石林公路鸟瞰

石林公路最高海拔1080m,是鲁山县最为偏僻、海拔最高的四棵树乡平沟村沟通外界的唯一通道。

6.1.2 方法举措

（1）将石林公路建设纳入政府工作重点任务

2019年，鲁山县把石林公路建设纳入县委、县政府年度重点工程内容。县里成立多部门、各乡镇协调联动的县交通运输脱贫攻坚工作领导小组，先后制定出台了《推进"四好农村路"建设工作实施方案》《"万村通客车提质工程"工作实施方案》《交通运输扶贫专项实施方案》等一系列方案、规划、办法、标准、奖惩等配套制度，为交通扶贫提供强有力的制度保障。

（2）全线安保无死角，加强生命防护工程建设

石林公路穿越于崇山峻岭之间，生命防护工程尤为重要。鲁山县交通局多次组织设计人员和技术人员进行实地勘测，科学研判，在石林公路全方位、高标准设置生命防护工程，确保无死角、无漏洞。全线共安装波形钢护栏18000多米，弯道处道路反光镜加设34个，弯道陡坡黄色提示振动标线1800余平方米，太阳能滚动字幕提示装置9个，生命安全得到最大限度保障（图6-2）。

图6-2　石林公路安防工程

(3) 创新设计理念，突出以人为本，提升道路服务水平

针对石林公路沿线山高、坡陡、路险的特点，创新设计理念，路面设计宜宽尽宽，提升行车安全性，突出以人为本，提升道路服务水平。因地理条件限制，石林公路路基窄险陡，因此在边沟设计上根据线路坡度陡和山区流水特点，采用设置单侧边沟的设计理念，边沟设置在山体一侧，在满足排水需求的同时，增加路面宽度。

在弯道设计上，采取削坡降坡，尽量扩宽弯道路面，增加行车视野。设置观景台，路与自然景观无缝衔接。升级改造后的石林公路，设置 5 个观景台，并就近修建停车区，为游客提供眺望观景的空间，使公路与周围山川、沟谷、河流等自然景观巧妙融合（图 6-3）。

图 6-3　石林公路观景台

(4) 路域文化融入地方特色，增强文化底蕴

为展示乡村特色，增加地方文化、山区文化和路域文化，围绕千年银杏群、文殊寺、烂漫杜鹃岭和奇秀险的六羊山景区，在山体石墙设计雕刻，与自然景观遥相呼应。为沿线村镇的土特产品、特色民宿等提供指引，方便游客全面感受鲁山景观、鲁山味道、鲁山热情，赋予农村公路服务新的内涵，全面提升公路综合服务能力。如今，石林公路作为鲁山县重要的"交通＋旅游""交通＋文化""交通＋脱贫攻坚"公路，就像一根金丝银线，把文殊寺、珍珠潭、六羊山、尧山漂流等星星点点的景区串成一串、连成一片，遥相呼应、熠熠生辉，让游客尽情感受春之烂漫、夏之热烈、秋之丰硕、冬之冷傲。

6.1.3　小结

以石林公路等县乡道路为依托，鲁山县着力打造特色产业园区、特色带贫基地、产业合作社（带贫经营主体），形成了"交通＋产业""交通＋扶贫攻坚"的带贫模式。石林公路周边的董周乡五里岭万亩酥梨、下汤镇万亩桃园、库区乡 6700 亩蓝莓基地和食用菌种植等产业蓬勃发展，带动 21150 户 6.5 万人脱贫。

石林公路途中主要景点文殊寺内长有五棵银杏古树，虬枝盘错，蔚为壮观（图 6-4）。

随着石林公路改建工程的完工,文殊寺也成为众多摄影爱好者和广大游客追逐的旅游网红打卡地。10月中旬至12月底,每天前去观光的游客络绎不绝,最高峰日游客量近万人,促进了当地土特产销售,高峰时期百姓日增收入数十万元。

图6-4 文殊寺银杏古树

6.2 甘肃省清水县 X307 线

6.2.1 基本情况

甘肃省天水市清水县X307线地处麦积区社棠镇渭河河谷与清水县南部山区。线路起点与G310线(连云港—天水)相接,终点位于清水县永清镇南峡村,全长约48km;除部分受限路段采用四级公路技术标准外,其余路段均按三级公路技术标准建设,路基宽度7.5m、路面宽度6.5m,路况水平良好。

沿线乡镇由于受地理条件、自然条件的制约,长期以来以农业生产为主,经济结构单一,经济基础较差,有相当数量的贫困人口;加之原有道路路况差,交通不便,严重阻碍了沿线乡镇群众脱贫致富奔小康的步伐。该项目的建成与投入使用,促进了沿线核桃、花椒等产业园的形成,串联起花石崖、千亩菊花观赏园等主要旅游景点,带动沿线农业、旅游业等产业的发展,也为沿线群众提供了良好的运输通道(图6-5)。

6.2.2 方法举措

(1)高位推动项目落实

清水县连续把交通道路建设列入县域"14651"发展战略"六大提升"之首,科学编制农村公路发展规划,认真履行"四好农村路"建设主体责任,以"康庄大道路""幸福小康路""平安放心路""特色致富路"为核心,制定印发《"四好农村路"建设示范县创建实施方案》,持续发力,久久为功,高位推动农村公路建设。制定《X307 线公路改建工程建设方案》等,积极争取省、市各级支持,坚持"党政主导、行业指导、部门协同、群众参与"的工作机制,将 X307 线公路改建工程列入全县重点工程,合力打造"四好农村路"示范路。

图 6-5　X307 线整体鸟瞰

(2)运营服务深度发展,为群众出行提供便利

清水县在抓好建设和养护管理的基础上,不断优化客运体系,提升运力水平。按照"政府搭台、企业融资、县企共建、行业监管、自主经营"的原则,以股份制方式合作建设一级客运汽车站,投放城市城乡公交 70 辆,政府每年每辆分别补助 6.5 万元和 3.5 万元,确保公交"开得通、留得住、可持续"。健全农村公路运输服务网络,建成乡镇汽车站 15 个,村级停靠点 90 个(图 6-6)。创新热线带弱线、干支道搭配、公交线路延伸客运新模式,投放农村班线车 125 辆,乡镇、建制村通班车率均达 100%,群众到县城和乡镇的时间平均缩短了 25% 和 30%,实现城乡客运一体化,让群众"出门水泥路、抬脚上客车"的梦想变为现实。探索推行"交通+互联网+农业+快递"模式,乡镇、行政村快递网点覆盖率分别达 100%、54%,目前已创造就业岗位 3500 个。在 X307 线运营农村班线客车 12 辆、公交线路 2 条,有效解决山门、陇东、草川、丰望 4 个乡镇 38 个行政村群众出行问题,形成了"路通车通、物畅其流"的良好局面。

(3)带动富民产业发展

坚持把公路建设与产业发展相结合,着力打造"脱贫致富路"。按照"公路带产业、产业促脱贫"的思路,把农村公路作为"带产业、连基地、接市场、促增收"的基础工程,带动建成以核桃为主的干鲜果园 60 余万亩。围绕构建"交通运输+电商快递"扶贫模式,积极推进农村物流节点体系建设,建成乡镇电商服务站 18 个、村级电商服务点 189 个。

其中,草川铺镇依托 X307 线建成的有利条件,发展壮大以核桃为主的富民产业,建成核桃产业园 2.67 万亩(图 6-7),带动 15 户建档立卡户脱贫增收,广大群众的获得感、幸福感明显提升。X307 线真正成为群众脱贫致富的幸福小康路、为民解忧的民生致富路。

图 6-6　综合服务中心

图 6-7　沿线建立的核桃产业基地

(4)交通旅游一体化发展

沿 X307 线东西两端行驶,进入清水县景区集中区域,花石崖旅游景区、千亩菊花观赏园等罗布其中(图 6-8)。花石崖按地势分为"东崖""西崖",上有"凤凰头"、下汇"三岔口"、中有"三仙台",是清水县最负盛名的旅游景点之一,也是佛道教并存的名山胜地。X307 线农村公路改建项目的实施,方便了旅游观光,带动了客流的快速涌入,进一步促进了旅游产业的发展。

图 6-8　千亩菊花观赏园

6.2.3　小结

X307 线是"公路、自然、人文"和谐统一的美丽农村路,是农业更强、农村更美、农民更富的重要通道,是具有公路文化元素的特色路线,是富有原生态理念的美丽旅游线。X307 线不仅对清水县交通运输网络完善、社会经济发展、产业结构调整、居民生活质量提高具有十分重要的作用,而且成为清水、张家川两县通往天水的重要生命辅助通道和应急抢险通道。

6.3　四川省丹棱县奔康大道

6.3.1　基本情况

奔康大道位于四川省眉山市丹棱县张场镇境内的总岗山区,起于老峨山旅游快速通道终点,连接张王路,途经黄金峡谷,止于仁洪路,全长 23.5km,包含乡道 15km,村道 8.5km,2020 年调整为县道。全线按四级公路技术标准进行新改建,设计速度 20km/h,路基宽 6.5m,沥青混凝土路面宽 6.0m。

该线路是丹棱县交通精准扶贫的一条致富大道,连接当时的 4 个省级贫困村和 5 个市级贫困村,并使 9 个贫困村连接成一个环线,托起群众的小康梦。沿线建有驿站 4 个、停车服务区 5 个、观景平台 2 个,服务设施齐全,目前由张场镇人民政府负责养护管理。全线地处山区,路域环境优美,绿化到位,沿路打造了农耕文化、扶贫文化,实现了"行在路上、游在山中"的诗情画意(图 6-9)。

6.3.2　方法举措

(1)靶向施策,高质量发展

一是坚持高位推动。县委、县政府领导强化组织推进,倒排工期,采用"1+1+1"模式联手抓推进,即1名县级干部、1个县级部门(交通运输局)、1名乡镇党政班子成员(张场镇)形成推进合力。每月通报奔康大道推进情况,多次召开现场会和专题会,解决工程建设中的突出问题,将该路的推进情况纳入绩效目标考核,以绩效化考核"倒逼"激发积极性。二是坚持规划引领。高起点规划奔康大道,把高品质农村公路建设作为实施乡村振兴、助力扶贫攻坚、实施乡村治理、提升人居环境的重要抓手,与县域其他农村公路统筹实施,高起点编制《S401线丹蒲快速路和S104线丹棱段配套旅游休闲路规划》《丹棱县全域旅游道路提升规划》《丹棱县特色农业产业道路建设规划》,做到"多规合一"。

图6-9　沿线景色

(2)路产相融,精细化建设

路产相融,"长"在乡间。坚持奔康大道与自然相融相嵌、互融共生,坚持"道路围绕产业布、产业围绕道路转"理念,规划奔康大道服务于现有生态有机茶、核桃、脆红李、猕猴桃等特色农业种植,带动沿线农业休闲旅游观光的发展,由此形成丹棱县一个新的经济增长极。建设中,由于项目地处山区,地势地形复杂,施工难度大,为保证公路线形、工程质量和安全,丹棱县多次会同设计单位、施工单位对现场复杂路段进行现场办公,根据该路线从万年村至张王路6km、玉柱村至廖店村1.7km仍属断头路的实际情况,分段施策,严格程序管理,顺利按期完成了项目建设。

(3)以路兴业,发展美丽经济

路一通,带来的不只是出行的便捷,更带来"人气"和"财气"的聚集。通过坚持"规划同步、路网相联、标识配套"原则,奔康大道精品旅游线路串联起县域旅游资源,成为全域旅游环线的重要组成部分。依托"长在农业、优在生态、特在文化、都市近郊"比较优势,坚持因势利导延展农村公路休闲健身价值,奔康大道成为其中的重头戏。2019年在奔康大道成功举行"四川·丹棱·国家乡村公园山地自行车挑战赛"等系列活动;又于

2020年开展"行在乡村 游在路上"脱贫攻坚自驾主题宣传活动,全国50余家媒体聚焦丹棱,大力提升了丹棱的知名度、美誉度和影响力(图6-10)。

图6-10 "行在乡村 游在路上"主题活动

(4)以路富民,创造美满生活

坚持提升农村公路运营管理水平,全面拓宽服务功能,让农村公路创造出"幸福效益"。一是农村出行"顺起来"。2018年的新年,丹棱县交通运输局对奔康大道通行客运班线进行论证,新增张场至廖店村客运班线。公交车经过老峨山9个贫困村,大大方便了沿线群众的出行和生产,成为解决致富奔康"最后一公里"难题,是惠及老峨山区群众的又一件民生实事。2020年,率先开展农村客运"金通工程"试点,率先开展农村客运"响应式"服务,实施乡村客运"四个一批"全覆盖、"1+1+N"服务模式、"五统一"标识体系,乡镇农村客运站、建制村农村客运覆盖率达100%。奔康大道的发展,为全县农村公路的发展提供了样板,推进农村公路"互联网+"建设,不断聚焦新时期农村公路运营新业态。二是群众腰包"鼓起来"。奔康大道彻底打破了丹棱县西北部、西南部交通瓶颈,道路联通后,沿线规范发展核桃产业园区1个、茶叶产业园区5个、李子产业园区3个、猕猴桃产业园区1个、高山蔬菜基地1个,建成茶叶交易市场2个,当地群众年人均纯收入增长1800元以上。三是文明氛围"浓起来"。深入挖掘全县历史文化资源,按照"一路一品牌"方式,着力提升奔康大道路品质,打造高颜值农村路,融入大雅文化、橘橙文化、端淑文化等主题,突显奔康大道特色,丰富文化内涵,培塑群众文化自豪感,助力乡风文明建设,助力全省四好村创建(图6-11、图6-12)。

图 6-11　路产相融,促进乡村振兴

图 6-12　沿线产业发展,群众脱贫奔康

6.3.3　小结

丹棱奔康大道是"四好农村路"的建设样板,让县域交通路网有了质的飞跃,实现了以路美村、以路兴业、以路富民,农村公路转换出"生态效益",交通与产业、交通与脱贫、交通与旅游深度融合,体现了丹棱农村公路的特色,成为丹棱的一张名片。

参 考 文 献

[1] 交通运输部公路局,交通运输部规划研究院.绿色公路建设技术指南[M].北京:人民交通出版社股份有限公司,2019.

[2] 刘正杰,贺倩倩,魏琳,等."四好农村路"客运服务设施建设标准的研究及探讨[J].科技与创新,2021(19):57-58+61.

[3] 范圆圆.弘扬"红船精神"助力共同富裕——浙江省嘉兴市南湖区"四好农村路"建设经验分享[J].中国公路,2021(19):36-41.

[4] 范永伟.兰考:高标准打造"四好农村路"升级版[J].中国公路,2021(03):70-71.

[5] 王敏.四好农村路建设背景下农村公路建设规划策略研究[J].北方交通,2021(02):51-55.

[6] 余以强,吴良春,丁剑,等."四好农村路"潜在隐患边坡避让优化设计[J].科技资讯,2021,19(09):71-75.

[7] 单飞,聂世刚,任海林,等."四好农村路"交通强国建设试点的绩效考评研究[J].公路,2021,66(08):247-252.

[8] 李仪灵."四好农村路"高质量发展体系导图[J].中国公路,2020(23):46-47.

[9] 吕永华.四好农村路发展策略研究[J].山西建筑,2020,46(03):121-122.

[10] 潘勇,林报嘉,周成,等.高分遥感技术在"四好农村路"管理中的研究与应用[J].公路,2020,65(10):315-318.

[11] 陈明.新发展理念驱动苏州"四好农村路"创新发展[J].中国公路,2020(19):96-97.

[12] 冯涛,曾军,刘布阳,等.让雪域高原成为幸福家园——西藏"四好农村路"建设进入新时期[J].中国公路,2020(21):118-123.

[13] 陈济丁,孔亚平.海南旅游公路设计指南[M].北京:人民交通出版社股份有限公司,2020.

[14] 陈学平,白思华,姚嘉林,等.绿色公路评价指标体系及评价方法[J].交通运输研究,2020,6(04):9-17.

[15] 闫长平,李今朝,顾晓锋.旅游公路品质评价思路及指标构建[J].中国工程咨询,

2018(08):41-49.

[16] 陈济丁.绿色公路建设理论与实践[M].北京:人民交通出版社股份有限公司,2017.

[17] 蒂莫西·戴维斯,托德·A·克罗托,克里斯托弗·H·马斯顿.美国国家公园道路工程规划设计图集[M].魏民,陈战是,张燕,译.北京:中国建筑工业出版社,2016.

[18] 董广智.中国乡村旅游转型发展模式及驱动机制研究[J].农业经济,2017(04):44-45.

[19] 赵京.邓小兵,侯琳.乡村振兴与"四好农村路"建设[J].综合运输,2018,40(12):13-17.

[20] 柳兰芳.从"美丽乡村"到"美丽中国"——解析"美丽乡村"的生态意蕴[J].理论月刊,2013(09):165-168.

[21] 吴云天,彭诗棋.山区"四好农村路"建设中的景观设计[J].公路交通技术,2018,34(06):131-136.

[22] 汪彩琼.新时期浙江美丽乡村建设的探讨[J].浙江农业科学,2012(08):1204-1207.

[23] 李杰,薛文峰.美丽乡村建设现状与对策探究[J].农村经济与科技,2019,30(16):185-186.

[24] 高信波.美丽乡村建设现状和对策——以赣州市龙华乡为例[J].乡村科技,2019(29):37-38.

[25] 刘彦随,周扬.中国美丽乡村建设的挑战与对策[J].农业资源与环境学报,2015(02):97-105.

[26] 郑向群,陈明.我国美丽乡村建设的理论框架与模式设计[J].农业资源与环境学报,2015,32(02):106-115.

[27] 陈秋红,于法稳.美丽乡村建设研究与实践进展综述[J].学习与实践,2014(06):107-116.

[28] 黄克亮,罗丽云.以生态文明理念推进美丽乡村建设[J].探求,2013(03):5-12.

[29] 黄杉,武前波,潘聪林.国外乡村发展经验与浙江省"美丽乡村"建设探析[J].华中建筑,2013,31(05):144-149.

[30] 卢艳芹,陈影.美丽中国的哲学解读[J].中学政治教学参考,2017(12):26-28.

[31] 杨叶红.美丽中国的法理解读[J].邵阳学院学报(社会科学版),2017,16(03):74-79.

[32] 孙友祥,吴婷,陈冰冰."美丽中国"的蓝图绘制与解读[J].决策与信息,2016(04):

57-65.

[33] 李英良,杨远庆.关于"美丽中国"理念在道路景观生态建设中的解读[J].四川建筑科学研究,2014,40(04):327-331.

[34] 祝小茗.建设"美丽中国"与全面推进中国梦的伦理解读[J].江苏省社会主义学院学报,2013(06):4-7.